"阅读伴我成长"系列丛书编委会

2023 年小学卷

# 越过童年的星河

"阅读伴我成长"系列丛书编委会　编

浙江文艺出版社

Zhejiang Literature & Art Publishing House

图书在版编目(CIP)数据

越过童年的星河. 2023年小学卷 / "阅读伴我成长"系列丛书编委会编. —杭州:浙江文艺出版社, 2024.5

ISBN 978-7-5339-7584-5

Ⅰ.①越… Ⅱ.①阅… Ⅲ.①作文课—小学—教学参考资料 Ⅳ.①G624.243

中国国家版本馆CIP数据核字(2024)第075309号

责任编辑　柳聪颖
责任印制　吴春娟
封面设计　徐然然

# 越过童年的星河

## (2023年小学卷)

"阅读伴我成长"系列丛书编委会 编

出版发行　浙江文艺出版社
地　　址　杭州市体育场路347号
邮　　编　310006
电　　话　0571-85176953(总编办)
　　　　　0571-85152727(市场部)
制　　版　杭州天一图文制作有限公司
印　　刷　浙江超能印业有限公司
开　　本　710毫米×1000毫米　1/16
字　　数　131千字
印　　张　9.5
插　　页　18
版　　次　2024年5月第1版
印　　次　2024年5月第1次印刷
书　　号　ISBN 978-7-5339-7584-5
定　　价　38.00元

# 你当像鸟飞往你的山

用了一本畅销书的书名作为这篇序言的标题。这句话有两种阐释。第一种是"逃离",逃脱并离开自己的原生环境。第二种是"寻觅",寻找属于自己的内心自由。在当下的学习环境中,我们是多么需要找到自己的路径,找到自我的心灵,找到自由的群山。

写作既是逃离,也是寻觅。

青春是用来逃离的,也是用来寻觅的。

我们的青春是灿烂的,如同作家王蒙写的,"用青春的金线,和幸福的璎珞,编织你们"。我们的四季是多情的,如同诗人海子写的,"面朝大海,春暖花开"。我们的中学时代是充满欢乐的,如同这项坚持了十几年的读书活动——"阅读伴我成长",在阅读中找到欢乐,在成长中找到幸福。

围绕建设"书香校园"这一主题,我们积极倡导"阅读伴我成长"的理念,努力践行"我读书、我快乐、我成长",结合时代主题,积极开展了文学

之星、读书征文等活动,并结集出版了这本优秀作文选。

这是我们一起飞往群山的过程,这是我们一起编织青春的方式,这是我们一起讴歌生活的雏凤新声。英国哲学家培根说过:"读书能使人充实,谈话能使人机敏,写作能使人精确。"只有多读书、多观察、多写作,才能丰富我们的思想、锤炼我们的语言,提高完善我们的写作能力。

这本作文选能让我们认识自己。在我们周围,到处都有新奇美妙、意味深长的人与事,启发我们的悟性,增加我们的智慧,开阔我们的胸怀,延伸我们的视野,磨砺我们的意志。多多留意身边,我们一定会有更多发现和收获。

希望这本作文选能激发广大同学读书写作的兴趣,扩大阅读视野,找到自己喜欢的作者,读到自己喜欢的书籍。衷心希望同学们多动笔写作,让春天在你的笔端发芽,夏天在你的笔端挂果,秋天在你的笔端丰收,冬天在你的笔端团圆。

我相信,我们一定会成为一个更优秀的自我,一定会寻觅到一座伟大的山峰,一定会实现坚韧执着的梦想,一定会安放躁动不羁、上下求索的灵魂。

让青春飞扬,让梦想飞扬,让文采飞扬。

"阅读伴我成长"系列丛书编委会

2024年3月

# 目 录

1

# 造梦者，何惧疾风骤雨
## ——读《狼王梦》有感

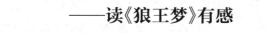

学校：海盐县向阳小学教育集团　作者：高胤轩　指导老师：王培红

《狼来了》——那狼是人人喊打喊杀、避之不及的憎恶鬼。

《小红帽》——那狼是诡计多端、不择手段的讨厌鬼。

《牧羊人与狼》——那狼是忘恩负义、贪婪成性的白眼狼。

……

一直以来，"贪婪成性""忘恩负义""残忍至极"是我对狼的所有解读，直到阅读了《狼王梦》，我才惊觉：狼也可以有血、有肉、有情怀，也会为了自己的梦想而迸发出一往无前的奋斗力量。一本《狼王梦》，一部狼族血泪史，道尽了狼的坚韧不拔和勇敢坚毅。

紫岚，一只充满智慧的狼，用一生的时间践行自己的"狼王梦"。为了那梦寐以求的狼王宝座，它浪费了大量青春，葬送了美好爱情，放弃了宝贵生命。命运之神啊，为何总是与它擦肩而过？它走了，只留下无限的遗憾和永久的梦。

## 纵有疾风，人生永不言弃

亲爱的大朋友、小朋友们，同一件事，你接受失败的极限次数是多少呢？我想"事不过三"，同一个信念遭受三次打击之后，我一定会崩溃，再

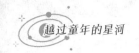

也没有力量支撑我坚持下去。而书中的紫岚一而再，再而三地被打击后，却依然坚持与命运抗衡。大儿子黑仔因一次意外，变成金雕的腹中之餐；二儿子蓝魂儿也死在捕兽夹下；三儿子双毛在抢夺王位时，因内心的恐惧输给了狼王洛戛，最终被众狼吃掉了。只有女儿媚媚摆脱各种危机存活下来，但金雕袭击了正在产子的媚媚，紫岚不惜生命与凶恶的金雕进行战斗，即使与对手同归于尽，也要保护即将出世的狼孙们。紫岚这种坚持不懈、努力实现梦想的精神令我佩服。每失去一个孩子，她就开始培养下一个，不管付出多大代价都不放弃理想，并且坚信：自己的孩子、孙子中终有一只将会成为狼王。

每一次遭受打击，紫岚都会直面命运，忍受着千锤百炼的痛楚，重新培养一只小狼崽。耗尽心血换来的却是一次又一次从"0"开始，紫岚有着怎样坚韧不拔的品格和强大的意志力，才能永不言弃呢？我想我们对待学习和生活也应该如此，世事虽难，却最怕"用心"二字。任何时候，都要相信坚持的力量，遇到困难不可怕，坚持到底，奋起直追，才是上进的人生该有的姿态。

紫岚，动物世界的强者，我为你鼓掌！我为你欢呼！

## 追光的人，终会光芒万丈

读者朋友们，你们是否有这样的疑惑：作者为何以《狼王梦》为题？这个"梦"又是什么梦想呢？

紫岚的丈夫黑桑因为一次捕猎，死在了野猪的獠牙之下。黑桑一直有一个愿望，那就是成为狼王，成为狼群的主宰，带领整个种族持续繁衍下去，生生不息。紫岚为了实现这个伟大而又艰难的梦想，付出了很多。圆梦的路上，爱情、亲情也变成了拦路虎。紫岚面临着前所未有的打击，可这都无法动摇它强大的决心。

紫岚这一生非常坎坷、艰难，但又是非常辉煌和令人震撼的，值得我们人类敬佩。即使最后它为了梦想而牺牲了性命,但是也留下了希望的种子,让“狼王梦”得以延续。静心反思,动物尚且如此,更何况人类。我们更应该怀揣梦想,努力前进。即便遇到苦难,也要直面逆境迸发一往无前的拼劲。

紫岚,动物世界的造梦者,我为你鼓掌!我为你欢呼!

## 深耕自己,注定开花结果

人生来都不是完美的,每个人都会有缺点、有弱项,但只要取长补短,就能弥补自身缺陷。在《狼王梦》里,紫岚为了实现梦想,带领孩子们克服了什么弱点,又经历了什么呢?

紫岚为了成就“大胆”的黑仔,毫不保留地将毕生本领教给了黑仔,黑仔也不负众望,学习能力极强,很快就学会了紫岚教它的各种生存技巧,快速地成长起来,并学会独立觅食。面对同样优秀的蓝魂儿,紫岚则不再偏袒,她表现得严厉、冷酷无情,使蓝魂儿一步步向着狼王的目标迈进。为了让双毛摆脱自卑,紫岚通过激将法锤炼它,最终激发了双毛的狼性。但孩子们一个个出了意外,带给它接二连三的打击。不过,紫岚在悲痛过后,总能一次次坚强地站起来,显得它越发坚韧、果断、执着。

我想,作为一个造梦者,紫岚想要给予狼崽什么,它必然也会锤炼自己什么,因为只有自己足够强大,才能化悲愤为力量,实现自己的愿望。也许你会说它的梦想不是化为虚无了吗?我并不这么认为,有句话说得好:“你可以将我打倒,但无法打败我。”紫岚正是如此,它在锤炼狼崽和自己的同时,也升华了自己的精神世界,虽然肉体不在,但是精神长存,它会永生永世留在狼崽们的心中。狼崽们也因此明白了何为“狼性”。

紫岚,动物世界的战神,我为你鼓掌!我为你欢呼!

合上书本,在白纸黑字之间,我再次感受到了动物们身上那无穷无

尽的精神力量。我一直认为,一本好书可以对读者的生活学习起到引领与帮扶的作用。此刻,我思绪万千,不禁想起了自己的亲身经历——

那是暑假里的某一天,一道道数学题被我轻松解答,可是当做到数学思维题时,我被难倒了。题目长长的,像迷宫一样,绕来绕去的,将我困在里面。我毫无头绪,不禁打起了退堂鼓。可是又不甘心,因为我和妈妈约定:如果今天的作业全部正确完成,她就带我出去旅游。如果现在放弃,我期盼已久的安吉游不就成泡影了吗?于是我静下心,仔细地回想老师教我们的解题方法:列表、画图、假设……然后我重新阅读了题目,反复理解每一句话,认真思考每个数字的意义,并通过画图的方式表示出来。顿时我有种"拨开云雾见天日"的感觉。我的解题思路渐渐清晰起来,明白了题目中"和"的含义,理解了关键点"余数"。功夫不负有心人,终于解答出来了,我兴奋得跳了起来。虽然这只是我学习中遇到的一个小困难,但正如紫岚一样,不放弃、努力向前才让我有了这小小的进步,让我变得更加自信,让我明白了永不言弃才可能换来成功。

我想成长的路上,我们会遇到种种困难和挑战,战胜它们的力量从哪里来?一定来自我们的梦想。梦想,就像一缕光,照亮我们前行的旅途。亲爱的同学们,愿我,愿你们都能向阳追梦,成为一名追光者。


信念不灭

希望永存

残酷的现实浇不灭

这孤注一掷的狼性

## 点石成金

　　《狼王梦》这本动物小说,历来受到孩子们的喜爱与追捧,但大多数孩子是被一个他们从未经历过的动物世界与离奇的情节所吸引。我相信,小作者在读这本书时,一定曾为紫岚落过泪,为狼王的命运鸣过不平,更会时常回想起自己小小的生命里诸多的经历,憧憬自己长长的生命里无限的未来。

# 追光，在路上

## ——读《绿野仙踪》有感

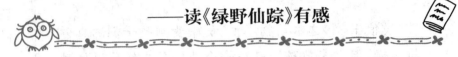

学校：海盐县向阳小学教育集团　作者：徐牧辕　指导老师：姜凌佳

> 理想是桨，拼搏是帆。成长的航道中注定风雨兼程。既然选择了远方，那就勇往直前，去追光，去成为光。
>
> ——题记

清凉的晚风如同温柔的双手，轻轻拂过脸颊。我仰头望向书架，那本熟悉的书又定格在我的眼眸中，它就是——《绿野仙踪》。犹记得第一次翻开它，目光穿行于字里行间时，我像是被施了魔法一般，沉浸其中，不可自拔。

《绿野仙踪》是一部充满了奇幻色彩的历险记，它带我走进了神秘的童话王国，给我带来快乐和启迪。这本书里的主人公有渴望回家的纯真少女多萝茜、渴望拥有聪明头脑的稻草人、渴望能真心去爱的铁皮人和渴望成为真正猛兽的胆小狮子。因为一次偶然的相遇，他们一起在一片神秘的国土上开始了一段不可思议的冒险。一路上，他们无惧困难、团结合作，最终实现了各自的心愿。读完这本书后，我的内心跌宕起伏，不禁掩卷沉思：无论何时，我们都要坚持自己的信念，勇于尝试，不怕困难，勇敢地去成为那道光。

## 信念，是迷途中的一道光

书中的四位主人公，都有自己的愿望。其中稻草人非常想拥有聪明的头脑，因为他觉得自己很笨。于是骗子奥兹取了一勺稻糠，混合了大头针和缝衣针，装在了稻草人的脑袋里，并告诉他，自己给了他一个崭新的大脑。稻草人觉得自己突然变聪明了许多，在后面的旅途中，他总是第一个站出来，为大家想了很多办法，帮大家摆脱困境。

这样的情节有些不可思议，但又让我陷入沉思，让我想到以前看过的一个故事：从前有个将军，他总是打败仗。一天，他的父亲跟他说："你拿着这个葫芦打仗，就不会失败，但如果你打开它，魔力就会消失。"将军信以为真，从此以后果然再也没有打过一次败仗。但是他一直很好奇，葫芦到底有什么魔力，可以让他所向披靡。终于，他忍不住打开了葫芦，原来里面装的只是普通的沙子。所以，让将军打胜仗的根本不是葫芦，而是他的信念。有时，我也会像稻草人一样，总是觉得自己不够聪明，不够自信，尤其是在做数学聪明题的时候，总会有畏难的情绪，心里嘀咕着：平时的数学题都能难倒我，更别说这么难的了。可是，等静下心后，认真审题，耐心分析，我才发现这些题目并没有自己想的那么难，可见信念的力量是多么重要啊。

信念，是一道温暖的亮光。也许前路充满荆棘与坎坷，但是只要我们内心笃定，相信自己，那么，即使迷途之中也会找到正确的方向。


## 突破，是蜕变中的一道光

众所周知，狮子是草原上最勇猛凶悍的猛兽，可是《绿野仙踪》里的狮子却胆小到连自己都怕。他一直渴望自己能变得勇敢，变得什么都不

怕。但是他和铁皮人一样,只看到了自己的缺点,殊不知他们想要的东西其实一直都在。当狮子喝下奥兹给的不明液体后,他觉得自己充满了勇气,回到森林后,他帮助动物们赶走怪物,成了真正的百兽之王。

每个人都有短板,每个人都渴望成为更好的自己。当你正视弱点,并敢于冲破它的束缚时,迎接你的一定是万丈光芒。有时,我姐姐也会像胆小鬼狮子一样,虽然表面上一副谁都不怕的架势,但其实内心胆小得很,怕一个人在家,怕一个人睡觉,怕黑,怕鬼……几乎什么都怕,直到现在,还要我陪着她睡觉。但是每次面对未知的挑战时,她总是冲在我前面,表现得又勇敢又出色。就像这个暑假里,我和小伙伴们一起去北大街摆摊体验生活,一开始我总是不敢主动向陌生人推销我们的商品,觉得很害羞,难以启齿。但姐姐总是第一个冲上去,虽然遭到了好几次拒绝,但她仍不放弃,最终招揽了很多客人。在她的带动下,我也变得勇敢起来,主动迈出了第一步,并且越来越自如。

人的潜力是无穷的。只要你敢于突破自我,挣脱枷锁,一步一个脚印地去改变自己,重塑自己,那你一定会成为别人眼中的那道光。

## 团结,是同行中的一道光

这一路上,多萝茜他们遇到了很多困难,其中最为惊险的就是穿越致命的罂粟花田。在花香的作用下,多萝茜、小狗托托都酣然入睡,如果不把他们及时挪走,那他们就永远醒不过来了。于是,铁皮人和稻草人让狮子先跑,他俩费了九牛二虎之力把多萝茜和托托抬了出去。

正所谓:"独行快,众行远。"一个人的力量是有限的,但是团队的力量却是无穷的。还记得二年级时的课桌操比赛,为了争得宝贵的班级荣誉,每个同学都铆足了劲儿,利用课余时间加紧练习,连放假都自发地在钉钉里打卡。可是,一个班里难免有几个同学跳不好,于是,我们几个女孩子不厌其烦地带着他们练习。从抠动作到练表情,一点儿都不含糊。

在大家的共同努力下,我们终于取得了年级第一名的好成绩。身在如此有爱的团队之中,不管是运动会,还是其他集体比赛,我们都心往一处想,劲往一处使,没有什么是完成不了的。

追光的路上,我们有坚定的意志,有同伴的扶持,再大的困难都会向我们低头。

"金无足赤,人无完人。"每个人都要正视自己的不完美,不能因为自身的短板而自怨自艾,而是要努力弥补缺憾,让自己变得强大。让我们沉下心来,去挖掘自己的潜能——比如,面对困难时永不退缩的勇气、解决问题时善于剖析的智慧、与人交往时互帮互助的情谊。让我们相信未来一定美好,让我们一同看见光,追逐光,成为光吧!

## 点石成金

　　文章构思精巧,结构清晰,感情真挚。小作者围绕"一道光"创设了三个情境,列举了三个故事,分享了三个事例,阐明了三个道理,让感性与理性实现了高度的融合,更让"追逐光,成为光"这一中心思想更加突出。小作者坚持自己的信念,勇于尝试,不怕困难,勇敢追光是她的一种态度,更是值得我们学习的一种精神。

# 无惧风雪　赏一路风光
## ——读《暴风雪中的父子》有感

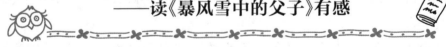

学校:浙江师范大学附属秀洲实验学校　作者:范逸哲　指导老师:陈丽娜

我家的书柜上摆放着许多书,有被奉为经典的四大名著,有严谨专业的科学著作,还有生动有趣的绘本故事,但这些书里最吸引我的还是《暴风雪中的父子》。当我第一次捧起这本书时,就被封面上的皑皑白雪吸引住了,它是那么纯净,在雪林的这一头,一位父亲牵着孩子坚定地向前走,他们背影是那么义无反顾。我很好奇他们要去哪里? 他们会经历什么? 于是,带着好奇心,我翻开了书页,细细读了起来。跟随着文字,我看到了父子俩无惧风雪的勇气,欣赏到了温暖、坚持这些美好的品质所散发的光芒。

无惧风雪,赏温暖之光。在这个故事里,母亲的心愿是拥有一头健康的奶牛,以便给家人提供新鲜的牛奶和奶制品,让大家能在寒冬中保持温暖。为了实现她的愿望,父子俩拿出了家里最珍贵的财宝——一把小刀,这把小刀承载了整个家庭的坚韧和勇气。他们一起披上母亲缝制的温暖大衣,抵御风寒。这件大衣满载着母亲的深爱与关怀。在漫漫风雪中,父子俩互相鼓励,分享着回忆,字字句句道出的是家庭的温情。其实,我与他们一样,也拥有一个温暖的家庭,家人之间互相关心、支持,经常一起共度时光。我的父母是家庭的坚强支柱,他们会准备温暖的羽绒被和热气腾腾的美味食物,确保我们在寒冷的季节里也能享受到温暖和安宁。更多的时候,我们一家人会聚在一起,玩棋盘游戏、看电影,或者讲故事。我们的生活简单，但有父母在，我就觉得很温暖。我们懂得互相关心，懂得照顾彼此，成为彼此温暖的依靠。

无惧风雪，赏坚持之光。父子俩一路走来充满了坎坷，他们经历了彻骨的寒冷，在茫茫白雪中迷失方向，并且面临食物匮乏和找不到庇护所的窘境。可是，明知很艰难，他们也不言放弃。随着风雪越来越大，身后的脚印逐渐被大雪掩埋，他们仍旧迎着风，坚定地向前走。在学习中，我也常常遇到一些难题，一到这种时候，我总会萌生退意，想着去求助爸爸妈妈或老师，但有时他们稍一点拨，我就会做了。现在想想，困难可能不在于某个题目，而在于我缺少战胜难题的信心。如果我再多思考一下，再多读两遍题目，兴许难题就能解决了。

无惧风雪，赏互助之光。虽然路途艰险，但功夫不负有心人。终于，他们遇到了一位孤独的老人，他需要一把小刀来修理工具，以确保自己在这个寒冷的冬天能够自给自足。父子俩毫不犹豫地帮助了老人，然后继续向前出发，走着走着，又遇到了一群渴望温暖的孩子。这些孩子需要用小刀雕刻出美丽的雪雕，从而为他们的家庭带来欢乐和笑声。而欢笑声又引来了一位木匠，他正好需要一把小刀来完成一项重要的工程。父子俩用自己唯一的财宝去帮助有需要的人，最后也成功获得了别人的帮助。在这个温暖且充满善意的循环中，他们懂得了互助和慷慨的力量。最终，他们不仅找到了母亲想要的奶牛，还收获了更多宝贵的东西——邻里之间无私互助的美好情感和坚不可摧的家庭纽带。原来，每一件看似平常的物品都能给需要它的人带来巨大的帮助。在班级里，一块橡皮、一支铅笔或许就可以帮助其他同学们解决学习困难；在家里，一次劳动、一杯热茶或许就能帮爸爸妈妈缓解一天的疲劳；在生活中，一份热心、一句话语或许就能帮助陌生的朋友解决燃眉之急，我也要用我的双手，去帮助更多需要帮助的人们。

或许生活充满了挑战，面对那些隐匿于风雪下的未知风险，我们不必惧怕，因为再大的风雪也会被炽烈的阳光驱散。我们要点燃内心的希望之光，去欣赏这一路风雪，接纳一切冰霜，待寒风退去，冰雪消融，美好

的风景自然会停驻心间。瞧,生活就是这般,愿大家都能无惧风雪,欣赏沿途风光,拥抱最炙热的骄阳。

 点石成金

　　小作者通过白描封面内容的方式勾起了读者的阅读兴趣,又以切片故事的方式,围绕三个关键句,娓娓阐述故事的发生、发展和结局。叙述中,小作者联系自己的生活实际,进而升华认知,很有感染力,也容易获得读者的认同。文章结尾,小作者更是将自己的阅读感受进行了集中性的升华,体现了自己无惧风雪、不怕挑战的个性特点,并将这样的美好愿景传递给每一个人。文章逻辑严密,情感真挚。

# 勇敢的心自会披荆斩棘

## ——《敦煌奇幻旅行记》读后感

学校：海宁市南苑小学　作者：褚洛瑶　指导老师：费浩芳

### 楔子：揭开敦煌的历史面纱

提到敦煌，可能很多同学会想到大漠戈壁、黄沙漫天，也有同学会想到神秘莫高窟、壁画飞天像，那你可知道过去的敦煌，它的繁华可不亚于我们现在的苏州、杭州……

敦煌是一部厚厚的历史文化百科全书，它的内容博大精深，人们创立了一门专门的"敦煌学"来研究它。同学们，你们知道吗？其实，敦煌还有神奇的另一面：神兽、怪兽、传说、神仙、冒险、奇遇、周游列国、异域风情、平行异时空……这些神奇的元素，敦煌统统拥有！

《敦煌奇幻旅行记》这套书会帮你以全新的方式打开敦煌研学之旅，解锁敦煌千年的古老密码，打开这座神奇王国的大门。

### 读悟：探索神秘的壁画世界

在翻开书的那一瞬间，我就被里面一幅精美的插图吸引住了，我迫不及待地读了起来，一个个有趣的冒险故事把我带进了古老又奇幻的敦

煌。这套书主要讲了主角罗依依从现实世界穿越到敦煌壁画世界里的故事,从那时起她就有了一个新的代号叫"敦煌公主",因为她帮助了许多壁画里的人,也改变了壁画世界里的许多事件,同时她也交到了许许多多的好朋友。

我最喜欢的故事是《和龙王猜拳》,它讲的是于阗国的故事。于阗国是沙漠中的一个小国,犹如天神的一滴眼泪,绿丝般的河流围绕着于阗国,红花绿荫的美景在阳光下特别耀眼。有一年于阗国大旱,眼看着庄稼和牧草都要干死了,人们便开始建龙庙,希望龙神能带来雨水,结果真的灵验了。从此人们就与龙王定下了龙神三规,只要有一人违反规定,龙王就要把于阗国变成大海。有一次,一个小女孩不小心说错了话,而这句话正好被龙王听见了。于是龙王就要把于阗国变成大海,这时罗依依勇敢地站了出来,她凭借着聪明头脑与凶猛的龙王周旋,最后赶走了龙王,并在毗沙门天王的帮助下解救了于阗国的人民。

这套书通过主角罗依依把敦煌的历史、地理、艺术、建筑等各种知识串联起来,让我在阅读中,不知不觉地了解了敦煌的文化,书中的画卷还呈现了敦煌壁画的美,让我有一种身临其境的感觉,不禁感叹古人鬼斧神工的技艺。当然看完这套书,罗依依的勇敢执着和勇于战胜困难的决心也感染了我,更在不知不觉中影响着我的生活。

## 思行:获得温暖感动的力量

暑假的尾声,妈妈带我去了陕西的波浪谷,看丹霞地貌。入口处有一段很长的玻璃景观大桥,穿好鞋套,站在桥边往下看便是峡谷,要是掉下去,一定会粉身碎骨,我心里非常忐忑,怎么都不敢往前迈步。僵持了一会儿后,妈妈让我闭上眼睛,她牵着我往前走,我闭着眼走了一段,脑子里突然闪现出罗依依勇敢探险的画面。我让妈妈停下来,自己慢慢睁开眼睛,脚下就是百米深渊,风也呼呼地吹着,好像玻璃桥都要被吹垮了。我浑身一激灵,腿都软了,闭上眼睛深吸了一口气,心想:我必须勇敢一点,像罗依依那样,不然这么美的风景就错过了。经过一番思想斗争后,我终于睁大了眼睛,拉着妈妈的手缓缓往前挪动,一步、两步……我默默地给自己加油打气。突然"咔嗒"一声,我听见脚下传来玻璃碎裂的声音,这下完蛋了,玻璃真碎了! 我要掉下去了! 我"啊"地叫了一声,看着脚下的玻璃碎开一道道裂痕,我赶紧闭上了眼睛,一屁股瘫坐下去。这时,我耳边传来妈妈的声音:"这是特效呀,你再仔细看看。"我睁眼一看,自己还安然无恙地坐在玻璃桥上。我松了口气:"哦,虚惊一场。"慢慢地,我的脚步变得轻松了,悬着的心也放松下来,我不再害怕走玻璃桥了,和罗依依一样变得坚强了。此时,我才发现周围的景色简直美得不可思议。我还尝试着走到桥边、坐在玻璃上让妈妈给我拍照,那种感觉非常奇特。这样特别的经历与敢于尝试的勇气都来自《敦煌奇幻旅行记》,是它带给我的激励,细细回味,我觉得力量在身体里绵延不绝。

## 番外:"敦煌文化卷轴"随阅

书里有彩蛋哦! 书中特别设计了"敦煌文化卷轴"——阅读时我们可以在字里行间找到一些卷轴标志,每一册的最后都有"隐藏卷轴"的设计,里面写的是关于敦煌的知识秘籍。罗依依穿梭在敦煌莫高窟神秘的壁画世界里,美妙的故事把敦煌地区的历史文化知识串联起来,徜徉在故事里,我们不知不觉就成了敦煌知识小达人啦!

## 尾声:勇敢的心披荆斩棘

一本好的书,可以带领我们探索未知的世界,可以指引我们前进的方向。《敦煌奇幻旅行记》不仅让我感受到千百年来敦煌的辉煌历史,也

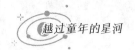
让我在一个个探险故事里深刻地体会了"勇敢"的意义。在生活和学习中，我们也要有一颗勇敢的心，来解决那些让人头痛的麻烦。正如诗仙李白所吟诵的那样，我们的未来也一定会"长风破浪会有时，直挂云帆济沧海"。

## 点石成金

　　奇特神秘的故事往往可以吸引读者的眼球，真实深刻的感受往往可以让人产生共鸣。本文的小作者就牢牢抓住了读者的这两大心理，呈现一个精彩的故事，阐述一种真切的感受，再告诉读者还有一系列故事有待展开。不得不说，一篇好的读后感，不仅可以带领我们了解未知的世界，还可以指引我们前进的方向。

# 冲破骇浪，沐光而行

## ——读《蓝色的海豚岛》有感

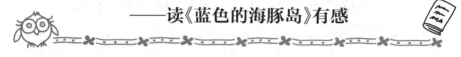

学校：海盐县向阳小学教育集团　作者：王律行　指导老师：张彩怡

生活就像海洋，只有意志坚定的人，才能到达彼岸。

——马在思

台风过后，杭州湾的热浪也退去不少。我倚靠在落地窗前，遥望着苍翠的远山，偶尔瞥见海面上掠过的鸥群，那翩跹的姿态仿佛在描画大海深处的静谧，让人思绪万千。

漫漫假期中，我自由地徜徉在书的海洋里，尽情吮吸着经典书籍的甘霖，汲取着故事里的养分。书中的悲欢离合、主人公的命运宛若磁铁般时刻牵动着我。阳光的碎影从窗帘的缝隙间蹿进来，悄悄地散落在地板上，我起身来到书架前，目光在一排排装帧精美的书籍间穿行，又被它吸引住了——美国作家斯·奥台尔的《蓝色的海豚岛》。翻开蓝白相间的扉页，一种久违的沉浸感向我袭来。在字里行间细细地品味，它为我带来了荒野的神秘，也让我见识了勇者的坚毅……

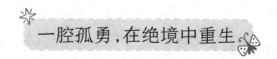

### 一腔孤勇，在绝境中重生

这部作品被美国儿童文学协会评为"1776年以来最伟大的十部儿童

文学作品"之一,还获得了国际儿童文学的两项最高荣誉——纽伯瑞儿童文学奖金奖和国际安徒生奖。书中讲述了一个精彩的冒险故事。海豚岛上的印第安人在遭到捕猎海獭的阿留申人的杀戮后,搬离了小岛。离开时,主人公卡拉娜为了没赶上船的弟弟,跳下了正在撤离的大船。后来弟弟不幸被野狗咬死,她为了杀死野狗,独自修建住所、制造武器和捕鱼工具,与野狗斗智斗勇,最终驯服咬死弟弟的头狗朗图。她在荒岛独自生活十八年,终于等来了救援的船只。

我在想,世界上有多少像卡拉娜这样的人呢?也许只有"初生牛犊"才有一腔孤勇,才能不顾一切地勇往直前。我们每个人都曾是卡拉娜,但最终都没能成为生活的勇者。面对未知的恐惧时,我们总是会不安、退缩、害怕,甚至一蹶不振。记得暑假中的那次吉他表演——由于我要参加浙江省少年吉他大赛,妈妈担心我第一次登上大型比赛的舞台会紧张,煞费苦心地为我安排了一场户外表演,给我壮胆。当我准备好设备,准备投入到已经十分娴熟的演奏中时,却发现自己的心快要跳到嗓子眼儿了。那种对失败的恐惧,对陌生人的胆怯,使我演唱时声音都在颤抖。

当我读到卡拉娜的所作所为时,不禁为自己的胆小感到惭愧。同样是面临挑战,她表现出了对生命的渴望,而我却不敢在路人面前勇敢地展现自己,真是相形见绌呢!一场特殊的吉他表演,让我明白:遇到突如其来的挑战时,要有搏击长空的勇气,只有一往无前、不断攀高,才能俯瞰世界的绚烂。

## 坚如磐石,在风浪中求索

水舌在舔所有的缝隙,在拉扯我的手和踩在石头棱上的光脚。它们沿着石面升起来,越升越高,都快触到天了,这才气力不佳,跌落下来,嘶叫着经过我的身旁,又汇入冲击山洞的水流。

卡拉娜一度陷入了险象丛生的海洋之中,那可怕的漩涡在向她叫嚣,仿佛要将她吞噬。但她却咬紧牙关,凭着坚定的信念,本能地抓住岩石,证明自己还活着!她对风浪的藐视,她骨子里的坚强无畏,像一道道彩虹,点亮她对生的渴望,更燃起了她的斗志和决心。

她一往无前的求索精神鼓舞着我。从小就痴迷桥牌的我,有幸加入了学校的桥牌社团。妈妈认为打桥牌是智力的较量,所以总是希望我能在牌局中胜人一筹。刚进入一年级时,我在社团教练的指导下,熟练地掌握了各种专业的赢墩技巧。慢慢地,我发现自己对桥牌的热爱到了无法自拔的地步。于是,妈妈又为我在校外报了迷你桥牌的学习班。"你这么小也来跟我们一起学?""你会叫牌吗?""你懂成局吗?"对战时也好,玩耍时也罢,我一次又一次地面对哥哥姐姐们的质疑。要知道,我可跟他们差了五六岁!他们有理由质疑我。为了让他们改变对我的看法,我下定决心,要在战术上积累经验。晚上写完作业后,周末上完兴趣班后……经过日复一日的努力,我终于跟上了这些即将上初中的哥哥姐姐们的步伐,今年,作为全校年龄最小的牌手代表,参加了浙江省青少年桥牌锦标赛,获得全省前八强的佳绩。

我想,如果我一直囿于自己的年龄而不去努力,不去积极求索,哪能得到大家的肯定呢?又哪能真实地感受到成功的喜悦呢?的确,风浪再大,也要有不屈服的韧劲,要有孜孜以求的决心,这样才能迎风张帆,到达彼岸。

## 血浓于水,在危难中见证

我们都知道,血浓于水的亲情是任何事物都无法取代的。书中写道:当阿留申人无情地展开杀戮后,海豚岛上的印第安人整日提心吊胆。在机缘巧合下,他们决定乘坐白人的一艘船离开海豚岛。在暴风骤雨中,卡拉娜上船后却发现弟弟拉莫还在海滩上,与船长商量后调头无望,

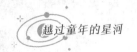

她毅然跳进了海里,游回岸边,与弟弟紧紧相拥。

　　卡拉娜本可以脱离死神的威胁,但她还是义无反顾地选择和弟弟在一起,共同面对生命的考验。虽然,我不曾经历这些苦痛,但是,我在生活中听过这样感人的事。他的名字叫沈志林,是海盐县望海街道的一个普通居民。他43年如一日,守护着自己残障的哥哥,甚至把生活重心全都放在了照顾哥哥一家上。沈志林的哥哥患有先天性的智力残疾,沈志林在初中毕业不久后,就承担起了照顾哥哥的重任。他每天都要安排好时间,分三次为哥哥一家送饭送菜,无论刮风还是下雨,从不间断。在侄女还小的时候,沈志林还会给她扎辫子,给她喂饭。不幸的是,侄女也遗传了她父亲的病,这对于一个家族来说,真是雪上加霜。尽管如此,沈志林仍然不离不弃,尽心尽力地照顾哥哥一家,他的行为感动了身边的人,他们的家族也被评为"最美浙江人·最美残疾人家族",沈志林还荣登"中国好人榜",成了全国的道德楷模。

　　与卡拉娜一样,在面对人生的低谷时,沈志林用至亲之间血浓于水的情感温暖着家人。这种生死与共的信念,怎能不令人动容呢?

　　卡拉娜,用她的孤勇、坚毅、守护,丰富了生命的意义。她的精神鼓舞着我,激励着我,让我懂得面对困难时,要有顽强的意志和迎难而上的勇气。成长路上,一定会有各种"插曲",但只要自己内心坚定,披荆斩棘,那么未来定会有万丈光芒。

## 点石成金

　　小作者在开篇的名言引用中就开宗明义地指出了文章的关键词——坚强,并在"绝境""风浪""危难"三个不同场景中诠释"坚强"的内涵。在每小节,小作者都围绕小标题的观点,联系自己的经历,阐释自己的所思和所感,条理清晰,情感真挚。小作者为我们接下来勇敢地面对生活,成为坚强的人树立了榜样。

# 与"不完美"同行
## ——读《不完美小孩》有感

学校:海宁市狮岭学校　作者:张郑霏　指导老师:吴祎慧

一朵鲜花,可以唤来春天的迷人气息;一本好书,可以净化一个人的心灵。暑假里,迟慧阿姨的《不完美小孩》就像一场雨露浸润了我,在我的心灵深处折射出了耀眼的光芒。

这本书讲述了一个有关"自我追寻"和"自我成长"的童话故事。小学生名名和小天把自己的心弄丢后,因祸得"福"参加了精灵世界的"空心夏令营"。在精灵世界,孩子们竭力帮助精灵们解除了"心灵荒芜"的危机,同时也找回了自己丢失的心。

故事中的"完美小孩"名名让我印象深刻。他是无所不能的代名词,常年学业第一,爱好广泛,生活自律,热爱劳动……爸爸妈妈爱他,将他当成自己的骄傲;家长粉丝们夸赞他,将他当成养育孩子的标杆;全校的孩子们羡慕他,将他当成校园偶像。但是出乎大家意料的是,完美小孩子名名一点儿也不快乐,他的心里空荡荡的。

是什么蛀空了名名的心呢?我想,是名名爸妈的爱,一种名为控制的爱。原来名名小时候就被安排做各种事情,目的都是成为爸妈心目中的"完美小孩子"。名名参加的兴趣班都是妈妈的兴趣。名名觉得"自己是一块橡皮泥,被一个模子固定成完美小孩子的样子",每当他想"从模子里伸出一个触角时,触角就被无情地削掉"。名名的痛苦与无奈让我心中酸涩,我十分同情名名的遭遇,他像一株盆栽,被父母无情地修剪,无法按照自己的样子成长,他失去了自我,失去了成长的动力。

成长究竟是什么模样呢?是不是只有十全十美的小孩才是完美的成长呢?我想,答案一定是否定的。我们每个孩子都是独一无二的个体,有自己的喜好与特长。老师说,每个孩子都是一株花,只是花期不同,有人在三月盛放,也有人要到寒冬才能含苞待放。"金无足赤,人无完人",不完美才是绝大多数人真实的模样。

作为一个不完美小孩,请不要贸然向前,心中有热爱,梦想才能远航。世界上虽然有许多不完美,但也有许多因为热爱而点亮心中绮梦的人。个子矮小,脸上有疤的莫扎特热爱音乐,用短暂的三十五年人生创作了六百多首曲子;患有阅读障碍的高适渴望报效国家,他靠听书苦学几十载,年近五十才考中进士,为国家征战半生;身有残疾的张海迪一心想做个对社会有用的人,不能上学的她自学完成学业,直至硕士毕业,还创作了不少文学作品激励人们奋发向上。罗曼·罗兰曾说:"人之所以需要理想,犹如水手之需要星星,星星虽不可即,但可指引我们的航程。"心中有热爱,才能在黑夜中照亮前路,砥砺前行。

作为一个不完美的小孩,请不要忘记坚持努力,你追求完美的样子,才是最美的。我也是一个不完美的小孩:在游泳长训班上,我不是游得最快的;在舞蹈课上,我不是学得最好的;在琵琶课上,我不是弹得最流畅的。但是,妈妈告诉我:"霏霏,你不用成为完美的小孩,因为妈妈也不是完美的妈妈。只要你一直努力着,你就会离完美越来越近。"后来,我终于成了练习最勤奋、姿势最标准、基本功最扎实的那个人。每一次坚持,都凝聚成了成功大道上的石子;每一次努力,都化作了荣誉桂冠上的橄榄叶;每一滴汗水,都浇灌着挂在大树上的果实。

就像大树的枝叶,因为有了缝隙,阳光才能照进来。我们的人生,因为有了不完美,才有了奋斗的方向。人的一生可以不完美,但只要心中有热爱,脚踏实地,努力做好每一件事,我们就是最美的小孩!

## 点石成金

　　本文构思精巧,感情真挚。文章以"完美小孩"名名为切入点,以名名并不快乐为转折点,并由此引发了"成长究竟是什么模样?"的思考和探究,吸引了读者的眼球。小作者又以名人事迹和自身经历阐释、印证了自己的观点:作为一个不完美小孩,心中有热爱以及坚持努力是非常重要的。文章由文本走向生活,彰显哲理性,富有说服力,更具认同感。

# 呦呦鹿鸣　德音孔昭

## ——读《屠呦呦:影响世界的中国小草》有感

学校:上海尚阳外国语学校桐乡丰子恺学校　作者:徐一凡　指导老师:钱镜地

　　如果你手中有一株小草,让你用它去改变世界,你或许会觉得不可思议,而《屠呦呦:影响世界的中国小草》这本书中的主人公屠呦呦做到了。

　　在宁波的一个书香之家,一个女婴降生了。她的名字来自《诗经》中的"呦呦鹿鸣,食野之蒿"这句诗。没错,她就是中国著名科学家——屠呦呦。谁也没想到,她的名字竟暗示她的未来。

　　屠呦呦的梦想源自一位采药的老爷爷。一天,屠呦呦放学回家,遇见了一位老爷爷,并对他药房里的草药产生了很大兴趣。老爷爷告诉她,那些小草是可以治病的,这件事在屠呦呦心中播下了种子。后来,在饱受战火之苦和疾病困扰的童年时代,老中医用中药治好了她的疟疾,让这个女孩对中药有了深深的好感,于是在填写大学志愿时,她毫不犹豫地写了北京大学医学院……

　　终于,屠呦呦考上了北京大学医学院。在大学期间,在楼之岑、林启寿两位教授的悉心指导下,屠呦呦踏上了一条"人烟稀少"的生药研究的林间小路。她整日泡在实验室里,与草药为伴,淡淡的药香浸染着她的志趣与梦想……

　　后来,屠呦呦接到任务,这是一项抗疟任务。屠呦呦再次与疟疾交手。她立刻投入工作,经过无数次筛选,选择了青蒿这种药材,但是用水煎熬的方法并不奏效。她反复地查阅资料,经过191次试验,终于发现

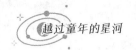 

了有效成分,这成分对疟原虫的抑制率达到100%。

2011年至2019年,屠呦呦收获多项大奖和荣誉,包括拉斯克医学奖、诺贝尔生理学或医学奖、2016年国家最高科学技术奖以及共和国勋章。

看完这本书,我被书中这棵"强劲"的草圈粉了。屠呦呦是中国首位获得诺贝尔奖的女科学家,她用绿色的小草,拯救了很多很多人的生命,她用绿色的小草,改变了世界。屠呦呦一生只做一件自己感兴趣的事,并且做到了极致,她的成功是必然的。而她自己,仍然朴素、静默得像一株不起眼的小草。

我在心里默默地问自己,人的价值究竟在哪里呢?一颗流星无声地划过,会在宇宙中留下瞬间光芒。一个人从这个世界上走过,他应该给世界留下点儿什么呢?在这本书里,我读懂了人生真正的价值,那一定不是自私的索取,也不是名与利的占有,而是奉献,无私奉献自己的光与热,让我们生活的世界变得更加美好。作为一名小学生,我应该做点什么呢?这是我需要思考的。

庄子说:"吾生也有涯,而知也无涯。"人的生命是有限的,而人们对世界的认识是无限的,是没有边界的。我要像屠呦呦奶奶那样从小树立梦想,向着目标一步一个脚印,踏踏实实去做好每一件事,努力做一位谦虚、善良的祖国建设者。把有限的生命,投入到无限的事业中去。

## 点石成金

榜样的力量是无穷的,在孩子们还懵懂无知时,他们渴望看到这个世界真实的模样,追逐世界里的每一缕光。正是因为如此,屠呦呦的事迹才能让小作者小小年纪便产生了对生命价值的思考与追问;正是因为如此,屠呦呦的事迹才能让小作者坚定了梦想与志向。这既是榜样的力量,更是阅读的力量。

# 展鲲鹏之翅，游九万里山河
## ——读《山海经》有感

学校：浙江师范大学附属嘉善实验学校　作者：何怿川　指导老师：张丽丽

当我打开《山海经》这本书时，如置身于幻境之中，这里的高山流水、神鸟矿物和参天大树，把我带入神奇之地，令我惊叹不已。

书里那些有鸟羽的人，有鱼尾的人，有三副面孔的人，有蛇身的人……在故事中活灵活现，变得立体形象；书里的神话故事，如女娲造人、大禹治水、夸父追日……让人增长见闻，获得趣味和愉悦。

但是，我最喜欢的是书里的神兽，有人面神鸟、长刺豪猪、旱灾之鸟、吃人怪兽……其中，我印象最深的是大鹏。虽然描写它的文字并不多，但我却非常喜欢它。

大鹏是中国神话传说中最大的一种鸟，身体像鲸鱼，长着一对巨大的翅膀，要积聚九万里的长风，才能起飞。古书里是这样记载它的："此鸟以业报之故，得以诸龙为食。"你看，在我们看来十分威风有能耐的龙，居然是大鹏的盘中餐，真是让人大跌眼镜。古书里还记载："于阎浮提一日之间可食一龙王及五百小龙。"可见大鹏的食量之大。

难道只有我喜欢大鹏吗？我查阅了很多资料，发现诗仙李白也很喜欢大鹏。他在《上李邕》中写道："大鹏一日同风起，扶摇直上九万里"；他在《江夏使君叔席上赠史郎中》中写道："希君生羽翼，一化北溟鱼。"可见李白十分喜爱大鹏，十分喜欢鲲鹏之志气啊。

是啊！鲲鹏不只是《山海经》中神话的象征，更代表了一种对理想

百折不屈的追求。此刻，我不由想到了我的庐山之旅。那天历经一天的奔波，我终于走进了诗词中的庐山——远远望去，雪白的云雾围绕着它，犹如居住着仙人的仙山一般。原来这就是中国诗人骨子里的浪漫啊！

"不到三叠泉，不算庐山客。"到了庐山，必到三叠泉。其实，庐山很有特色。我们先坐索道到了山顶，但要看到完整的瀑布，还要往下走两千六百多级又陡又窄的台阶。参观完后，还需原路爬回山顶！

望着那又高又陡的台阶，我心里直发颤！好吧！拿出大鹏之志来。我暗暗给自己打气。我的右手紧紧握住扶手，左脚缓缓往下挪移。左右、左右，我一步一步艰难地移动着，仿佛找到了一点节奏。

"哎呀！"突然边上传来一声痛呼声。原来是地面湿滑，有个小朋友滑了一跤，摔了个屁股蹲儿。我又打起了退堂鼓。妈妈仿佛看出了我的想法："不到三叠泉，不算庐山客哦。"哎，啥也不说了，为了像李白一样做一个正宗的庐山客，我选择继续往下爬。

一步，两步，三步——越走越慢，腿就像灌了铅一样，整座庐山好似挂在我的腿上。不知过了多久，终于走到了。

这三叠泉极其壮观，水从天而降，声势浩大，犹如万马奔腾。那些水花飞溅下来，变成了毛毛细雨，打湿了我的发丝，也驱散了我的疲劳。此刻，我暑气全消，神怿气愉。

北溟鱼，当年你化作大鹏鸟，同风而起，扶摇直上九万里，是不是就是我此刻这种心境？李白，当年你爬庐山、望瀑布之时，是不是与我此时一样心潮澎湃？

"大鹏一日同风起，扶摇直上九万里。"李白这句诗告诉我们：人生如大鹏，需要找到自己的力量源泉，一往无前地追求梦想。只有展翅高飞，我们才能发现自己的无尽可能。当我们勇往直前，翻阅无数座"庐山"时，我们将发现九万里的辽阔山河正等着我们。

## 点石成金

　　人们对世界的探索越深，神秘的力量就越弱，那《山海经》这类书对孩子的意义和价值在哪呢？读了小作者的文章，我陡然明白了。小作者读《山海经》，不仅被数千年前祖先们对世界的神奇想象所吸引，更是触摸到了文化的心跳。书中的大鹏让小作者探索起了文化发展的脉络，也让小作者明白了大鹏代表的民族精神。

# 机会是留给有准备的人的

## ——《老人与海》读后感

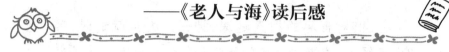

学校：嘉兴市实验小学　作者：严乐欣　指导老师：张新晨

　　"每天都是一个新的日子，走运当然是好的，不过，我情愿做到分毫不差。这样，运气来的时候，就有所准备了。"这是《老人与海》中的经典名句，它深深地印刻在我心中，无论如何也忘却不了。

　　正是这本书，带着我走进了波涛汹涌的大海之中，慢慢揭开了大海的神秘面纱，认识了一位不一般的老人。《老人与海》这本书讲述了一位名为圣地亚哥的老渔夫出海捕鱼的故事。书中那紧张的情节和精彩的语言，常常使我无法自拔。我反复阅读，舍不得与这个故事告别，更舍不得与这位勇敢的老渔夫作别。在很多人眼里，圣地亚哥可能是一个失败者，耗尽了所有力气，得到的却是一副鱼骨架。但在我眼里，他却是一个胜利者，尽管他一无所获，但无论如何，他从未想过放弃。他做好准备，等待着目标的出现。在与鲨鱼抗争时，他表现出绝不屈服的决心，我想这就是真正的英雄。

　　他从来不把希望寄托在运气上，每天都分毫不差地做准备。这一点着实让我敬佩。每个人都希望好运降临到自己的头上，殊不知，一切皆有因果。只有时刻认真做准备的人，才能在机会来临时不慌不忙地应对；反之，即使机会就在眼前，你也不知所措。我想起著名钢琴家郎朗，他经常夜以继日地练习弹琴，凭着坚韧不拔的毅力和充足的准备，他在上台演奏时，震惊全场，最终成为世界著名的钢琴家。

这几年,经常有关于抗美援朝的电影上映,因此我也对这段历史有所了解。当年,早在朝鲜内部战争开始时,毛泽东主席就未雨绸缪,组建了东北边防军,并开始全面整训和备战等。这才使得之后抗美援朝的决策顺利实施,数以百万计的志愿军才得以成建制出国,并立刻投入战场,给敌人以迅猛的打击。

我自己也有过切身体会。有一次去军训,我早早地在水壶里装满了水。可我的同桌却在一旁悠闲地吃冰激凌,水壶也没带,毫不在意接下来的训练。果然,在军训休息的时候,她到处找水喝,而我却能在高强度的军训后及时补充水分,让身体得到充分的休息。当然,妈妈提醒我,前一天晚上准备好第二天所需的学习用品等,也是一样的道理。

我想,只要我们时刻准备着,分毫不差地准备着,未来不管遇到什么,都能从容面对。

## 点石成金

没有一定的人生定力是无法真正读下《老人与海》的,没有一定的人生经历也是无法真正读懂《老人与海》的,但小作者却有这样的勇气与定力,试图真正读懂这本书。不得不表扬小作者,小小年纪,就能从自己的经历出发,去解读这本书的精神内涵,可赞可叹!

# 生命不息，挑战不止

## ——读《海豚之歌》有感

学校：平湖市乍浦小学　作者：谢意忱　指导老师：唐建芳

　　当老师把这本新书发到我手里的时候，我的心就被封面上这只跃起的海豚吸引住了！我是沈石溪爷爷动物小说的超级粉丝，我读过他写的很多动物小说，但这本书与以往读的并不一样，因为主角是海洋动物，沈石溪爷爷怎么还熟悉海洋动物呢？于是，我翻开《海豚之歌》，开始找寻新的世界。

　　这是一个海豚的世界。沈石溪爷爷聚焦"宽吻海豚"这种海洋动物，在这本书里讲述了《半脸海豚》《勇者海豚》和《演员海豚》三个故事。《半脸海豚》描绘的是红背鳍失去妈妈后的生活，《勇者海豚》展现了红背鳍舍己为人的精神，《演员海豚》讲的是演员红背鳍与自闭症孩子小石头的心灵交往。三只海豚的名字都是红背鳍，但它们经历了不同的命运，在它们的命运里，我读出了亲情的温暖、奋斗的勇敢、情义的珍贵……

　　这是一个充满挑战的世界。演员红背鳍还没断奶就开始训练"空中钻圈"，它一次又一次地起跳，虽然跳得越来越好，但是一直没能钻过金属圈。经过无数次尝试，终于，它成功地跳过了金属圈，动作潇洒，姿态优美。勇者红背鳍为了让族群不再被湾鳄威胁，冒着生命危险冲滩，然而，滩涂上是一片深不可测的沼泽地，在夕阳中，沼泽漫过了它的身体。在海洋世界里，它们也懂得向生活挑战，与命运斗争。

　　在书的《后记》里，沈石溪爷爷说："这是我耗费时间最长、投入精力最多的一部小说。"他在写了四十多年的动物小说之后,首次创作海洋动物小说。这是沈石溪爷爷对自己的挑战,在我看来,他挑战得非常成功!就连我生活中的那些难题,也在沈石溪爷爷的影响下,一一成功解决了:

大班时,我生了一场大病,几次住院治疗,我都不哭不闹;

从出院到现在,我每天都要服药,一天也没落下;

一年级,每天只上半天学的我,学习丝毫不逊于同学;

二年级才开始学跳绳的我,一分钟跳到了180多个;

三年级竞选大队委员,我成功当上了大队部学习委员。

如今已经上四年级的我,还怕挑战吗?当然不怕!爸爸说,我要加油长高。在暑假里,我每天安排一个小时的运动时间,跳绳、做操、爬高,气温再高,我都坚持下来了。妈妈说,我得传承中华经典文化。我就坚持每天读背一首诗,练几行字,坚持把葫芦丝十级考完,又开启了笛子的学习之旅……

《海豚之歌》带我了解了海豚的生命秘密,也让我看到了沈石溪爷爷在创作上的努力。不管未来我会经历什么,我都将勇敢面对,不怕挑战。希望读到这本书的你,也与我一样热爱生活!

## 点石成金

　　小作者的笔墨着力于海豚社会,褒奖了它们向生活挑战、与命运斗争的精神。这本书也为小作者的生活、成长带来了无限动力。一次次的挑战,一次次的成功,充分彰显了小作者积极乐观、不怕挑战的精神品质,更表现了他热爱生活的积极心态,这样的品质和心态值得我们学习和推崇。

# 成为自己生命中的侠客

## ——读《足球大侠》有感

学校：东北师范大学南湖实验教育集团　　作者：王腾　　指导老师：王惠红

　　你可曾听说过在夜空下独自刻苦训练的"足球大侠"？你可曾听说过在校长讲话时突然做了个"倒挂金钩"的足球老师？你可曾听说过不会踢球的足球教练带领学生一举夺魁？这个暑假，我阅读了张之路写的《足球大侠》一书，被书里"不会踢足球的足球大侠"与"四喜丸子足球队"的故事深深吸引。

　　故事讲述了足球大侠孙天梦在一次足球比赛中不慎受伤导致失忆，从此他彻底忘记了踢足球的脚法。出乎意料的是，他后来竟被学校派去当足球教练，指导四喜队的学生踢足球。起初，大侠总和大家说自己不会踢足球，可是他无意中展露出来的一些精彩脚法总让学生们大吃一惊。四喜队的四个成员开始连夜跟踪，无意中发现了大侠的秘密。原来那些被忘却的足球技巧，都会在大侠梦游时被淋漓尽致地展现出来。于是他们便在夜深人静的时候跟着大侠踢球，一段时间后，四个队员的球技得到了很大提升，然而大侠自己始终都不知道这些"奇遇"。直到故事的最后，在大侠带领学生去参加比赛的路上，由于一场车祸，大侠终于恢复了记忆。四喜队的队员们在那场比赛中使用了大侠传授的绝招，一举拿下冠军。

　　看完这本书，我的内心波澜起伏，久久未能平静。孙老师虽然因受伤，忘记了踢球的技术，但他对足球的热爱却从未改变。他在骄阳下练球,在星空下练球,甚至在梦里练球……他对足球的这种执着和痴迷,甚至超越了他对生命的热爱。读着他的故事,我不禁想起了暑假里自己参加的那场篮球比赛……

　　骄阳似火的夏天,我和队友们每天挥汗如雨,坚持在闷热的体育馆里进行集训。汗水湿透了衣衫,泪水模糊了眼角,多少次我哭着想跟妈妈说放弃,多少次我忍着眼泪想求教练不去打主力,但一想到《足球大侠》一书中的孙天梦老师,他都失忆了,还每天踢足球,坚持带学生打比赛,比起他,我这点苦和累算得了什么呢?如果连这点苦和累都熬不过,又怎么能实现我的篮球梦呢?每每想到这些,我就咬紧牙关,忍着酷暑,扛着酸痛,在教练的指挥下,一遍又一遍反复训练控球,一次又一次不断训练打配合……正如书中四喜队的队员们每天跟着孙天梦老师刻苦训练那样。故事里那些进球瞬间的画面一帧帧闪过我的脑海,犹如一束光,鼓舞我奋斗的信心;那些胜利的画面一次次融入我的梦中,犹如一团火,点燃我前进的勇气。

　　足球大侠孙天梦曾对四喜队的队员们说:"足球是圆的!比赛有输有赢,我们应该保持一颗足球人应有的平常心去对待生活!"孙天梦大侠的这句话,深深地印在了我的心里。比赛中,我与队友们配合默契,巧妙地躲过了对手的重重阻拦,轻松把球运到了篮球架下。正当我想纵身一跃,来个漂亮的"勾手投篮"时,对手一个箭步冲到我面前,打断了我的投篮。我眼疾手快,迅速把球传给了靠近篮筐的队友,他一个三步上篮,进了!比赛形势十分严峻,对手体型有优势,但是我们毫不气馁,步步紧逼,一次次打断他们的进攻。经过几番激烈争夺,对方虽然以微弱的优势赢得了这场比赛,但是我们所有的队员都不气馁,因为我们像书中的四喜队队员一样,心怀梦想,坚持不懈,努力拼搏,相信一定会在未来的比赛中取得胜利。

　　"乘风破浪会有时,直挂云帆济沧海。"高山险阻,海浪奔涌,在追逐梦想的路上,我们同样会遇到荆棘与风雨。如果逃避,你就看不见"水光潋滟晴方好,山色空蒙雨亦奇"的美景;如果退缩,你就看不见"天台四万

八千丈,对此欲倒东南倾"的磅礴景象。唯有像《足球大侠》中的孙天梦和四喜队队员们那样,直面困难,勇于尝试,才能跨越险阻,成为自己生命中的侠客!

## 点石成金

　　体育故事总是能给人不一样的力量。小作者阅读《足球大侠》,读着读着,自己也成了"足球大侠",这不是小作者的臆想,而是回想起了自己在体育训练时挥汗如雨的经历,正如小作者所言,只有"直面困难,勇于尝试,才能跨越险阻,成为自己生命中的侠客"!

# 爱是世间最美的亮光

## ——《流浪狗奥利奥:毛围脖的秘密》读后感

学校:嘉善县实验小学　作者:唐一诺　指导老师:盛惠莲

一只狗的流浪之旅,以爱感动人心,共赴一场心灵与心灵相遇的真诚之约。

——题记

阳光穿过玻璃,进入我的房间,调皮地落在那本翻开的书上。书上的奥利奥静静地靠着飞飞,粉红色的毛围脖是如此的美丽⋯⋯

奥利奥是谁? 奥利奥是一只有着"阴阳脸"的流浪狗,它在城市里漂泊,居无定所。但这样一只被主人遗弃、倒霉透顶的流浪狗,却给飞飞一家带来了温暖和爱,治愈了飞飞妈妈的心理疾病。读着《流浪狗奥利奥:毛围脖的秘密》这本书,我不由感叹道:爱,真是世间最美的亮光!

这是一条聪明而忠诚的狗。当小主人飞飞难过失落时,它就后腿用力一蹬,两只前腿搭在飞飞肩膀上,给她一个安慰的拥抱。当飞飞意识到妈妈不对劲时,它帮飞飞找到了妈妈的日记,发现了妈妈隐藏已久的秘密——妈妈得了抑郁症。于是,飞飞每天陪着妈妈散步,希望帮助妈妈走出困境,奥利奥则摇头晃脑地迈着步子,跳起了广场舞,温暖着她们的心。奥利奥是多么聪明和忠诚啊! 在一个下雪天,小木屋被耀眼的雪掩盖住了,它拼命地挖出小木屋一角,直到露出妈妈的毛衣,人们才意识到飞飞的妈妈在小木屋里,于是救出了她⋯⋯

飞飞是一个幸运而善良的人。她在小狗奥利奥的帮助和陪伴下，找到了治愈妈妈心理疾病的方法，弥补了妈妈的童年遗憾，修复了和妈妈的关系。飞飞是幸运的，在与奥利奥的朝夕相处中，找到了依靠，对它产生了深厚的感情，也成为它的依靠。她在感受被爱的同时，也懂得了怎样去关爱别人。

我爱奥利奥"不求回报的模样"。它为救主人差点没命，但它没有挟恩图报，坦然接受离开，只因不想打搅主人平静的生活。这让我想到爸爸妈妈，在我悲伤时，爸爸妈妈会摸着我的头安慰我；在我想放弃时，爸爸妈妈会鼓励我，告诉我不要半途而废；在我哭泣时，爸爸妈妈会送来美食，给我讲笑话，让我破涕而笑。因为爱，家成了温馨的港湾。

我爱奥利奥"来自于蛮荒，一生不借谁的光"。它在救人后，没有居功自傲，当它意识到自己不再被需要时，就选择离开。它不愿沾谁的光活着，但它一直有一颗感恩的心，一直追随着心中那束温暖的光。正是奥利奥告诉了我：要在坎坷中披荆斩棘，要在破浪时迎风直上！

爱是一束光，这束光照亮了我们的生命，温暖了我们的心灵，因此世界才更加美好。浩瀚星空，渺小如你我，只有拥有爱，才不辜负这人生一场，生命的存在才有意义。

爱是世间最美的亮光！我仿佛又看到那条黑白相间的小狗朝飞飞飞奔而去……

点石成金

每一位读者都会被作品中的流浪狗奥利奥感动，每一位读者都会被文章中小作者的温暖笔触感动，这一切都是因为——爱。奥利奥对主人的爱让小作者深深感动，小作者爱奥利奥的"聪明""忠诚"，爱奥利奥的"来自于蛮荒，一生不借谁的光"，小作者读懂的不仅仅是爱，更是一种坚定与独立。

# 织友谊之网　赞生命之歌

## ——读《夏洛的网》有感

学校:海盐县向阳小学教育集团　作者:冯西泽　指导老师:蔡恒其

每当进入书房时,我总会下意识地拿起那本令我爱不释手的书——《夏洛的网》,这是一本被誉为"二十世纪读者最多、最受爱戴的童话之一"的书。故事的主人公夏洛与威尔伯,在真实的生活里是完全不搭界的,但在故事里却总会莫名其妙地相遇,从而发生了许多令人感动的事。

## 友谊之网——谁是我的夏洛?

一头刚出生的小猪威尔伯即将被宰杀,悲痛绝望的它知道自己难逃被做成熏肉的厄运。但是,在这危急关头,渺小的夏洛在它耳边低声呼喊:"我来救你!"它用蜘蛛丝编织了一张爱的大网,拯救了小猪。自从蜘蛛夏洛开始扶助威尔伯,它就尽力活得跟它的名声相衬。夏洛的网说它是只王牌猪,威尔伯就尽力让自己看上去是只王牌猪;夏洛的网说它了不起,威尔伯就尽力让自己看上去了不起;夏洛的网说它光彩照人,它就尽力让自己光彩照人。看,夏洛为威尔伯织了一张友谊的网,不仅救了威尔伯的生命,还让它变成了更好的自己。同样,威尔伯也没有辜负夏洛,它用自己的努力回报了夏洛。

朋友间要相互扶持,更要平等相待。那么,我们身边是否也有像

夏洛一样的人在为我们编织爱之网呢？生活中，每当我的学习状态不理想时，妈妈总是在一旁鼓励我："没关系！我们一起找出问题，下次再好好开始！"妈妈用鼓励为我编织了一张爱之网，就像夏洛一样时时温暖着我的心。

## 友谊之网——我是谁的夏洛？

周围有那么多像夏洛一样的人，那我该成为谁的夏洛呢？我能为谁编织一张温暖的网呢？当我向同学讲解他不懂的问题时，我希望通过互相帮助加强彼此之间的友谊。起初，我讲解得非常流利且思路清晰，但是，那位同学完全听不懂，问题仍然无法解决。这使我非常焦虑，但我依旧耐心地跟他说："没关系，如果你不明白的话，我们可以再来一次！"在我们共同的努力下，最终，我们成功地织起了一张牢固的友谊之网，这让我的心里犹如吃了蜜一般甜蜜。

## 生命之网——如此与众不同！

夏洛的网不仅是一张友谊之网，更是一首生命之歌。当威尔伯问夏洛为什么要帮助自己时，夏洛说："生命到底是什么啊？我们出生，我们活上一阵子，我们死去。一只蜘蛛，一生忙着捕捉和吃苍蝇毫无意义，通过帮助你，也许可以提升一点我生命的价值。"一只蜘蛛都知道，生命绝不只是存活，而是要做一些有意义的事情来提升自己的内在价值。生活中，这样的例子数不胜数。"最美战士"们冒着生命危险拯救被困在洪水之中的人，"白衣天使"冒着被感染的风险救治病人，袁隆平爷爷更是用自己的一生努力解决全世界人民的温饱问题……一个个鲜活的"夏洛"，让我们的生活变得更加美好和精彩。

原来在生活中,有那么多"夏洛",而我这个渺小的人也立志要成为他们之中的一个,努力编织出一张爱与生命的网。

## 点石成金

"谁是我的夏洛?""我是谁的夏洛?"小作者别出心裁的两连问,问出了自己阅读童话故事时的独特视角,更回答了自己生命的意义与追求——寻爱并为爱付出,成为他人生命中的网,为所有人编织一张爱与生命的网!

# 胜利固然耀眼,仍愿和平常驻人间
## ——读《狗狗的胜利》有感

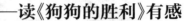

学校:杭州师范大学附属嘉兴经开实验小学　作者:徐浥尘　指导老师:张辉

贝多芬曾说:"在全人类中,凡是坚强、正直、勇敢、仁慈的人,都是英雄!"我认为,在动物的世界中,同样如此。在这个漫长而有意义的暑假里,我阅览了许多课外读物,至今仍令我记忆犹新的是那本《狗狗的胜利》。

这是一部战争主题的小说,除了战争的冰冷和残酷,书中还处处透露着温暖与真情。这本书讲述了伦敦遭遇空袭的故事,在那个炼狱般的世界里,人类与狗狗彼此救赎。《纽约时报》评论它是"一部温暖治愈又充满睿智的感人小说"。

读完这本书,我不仅感受到了温情,也被狗狗们的勇敢深深吸引。第二次世界大战期间,伦敦伍德格林地铁站的地下隧道里,两只小狗巴克和哈尔出生了。它们相依为命,在退伍士兵丹尼尔和独耳猫希巴的帮助下艰难长大。然而一场抓捕野狗的行动,让它们被迫分离。巴克被人类救下,成了一只出色的救援犬,哈尔却成了一只流浪狗。后来,伦敦遭到空袭,数百名伦敦市民躲进了地下隧道却又被困于此。巴克和哈尔都加入了帮助市民脱险的队伍中,它们一次次勇敢地冲锋陷阵,成功营救出了伦敦市民。我不禁感叹:英雄不是只有两条腿的人类,还有四条腿的动物。

回想我的生活,与残酷的战争相比,着实没有什么称得上困难的事。

但是，我总是会因为遇到难题而退却，在很多场合，也会因为害羞而放弃，甚至还会因为偷懒而撂挑子不干。当看到狗狗们在如此恶劣的环境中依旧迎难而上时，我被震惊了，更被感动了。

于是，在这个暑假里，我尝试做出改变。假期里，爸爸带我去游泳馆游泳，虽然去年学过一点，但我并没有完全掌握游泳这项技能。所以，这次我依旧不敢下水。爸爸告诉我，男子汉要勇敢。我想到了《狗狗的胜利》中巴克和哈尔奋力救人的样子，便暗暗告诉自己：水有什么可怕的，按照爸爸教的方法，憋气、放松，我就能浮起来。何况，有爸爸在身旁保护我，不会有事的。我要勇敢！勇敢！加油！于是，我深吸一口气，然后憋气，将头埋入水中，尽可能放松身体，然后我就轻松地浮了起来。之后，爸爸又教我如何划水、换气等。没过多久，我已经能在浅水区自如地游个来回啦。但是，当爸爸鼓励我去深水区游泳时，我还是有点害怕，第一反应是打退堂鼓。不过，最后我还是鼓起勇气，尝试着往深水区游。出乎意料的是，我竟然能从浅水区游到深水区，又游回来啦！所以，很多时候，并不是事情有多难，而是内心的恐惧阻止了我们前行。当我们战胜恐惧，变得勇敢起来，很多事就迎刃而解了。

我的数学口算一直不是很好，速度慢，正确率也不高。这使我心里有个小疙瘩，总觉得自己天生学不好数学，每次爸爸妈妈让我做口算，我心里都一百个不愿意。但是，在看完《狗狗的胜利》后，我下决心挑战自己。这个暑假里，我每天坚持练习口算。不知不觉，我竟练完了整整一本口算。我勇敢地面对口算这个小困难，坚持练习，我真的变强了，速度变快了，正确率也提高了。我的内心无比欢愉。

暑假里我跟着妈妈去西双版纳旅游。我们可不是随便走走看看风景，有一天，我们去参加了雨林徒步。那里的路可不好走，我们去的时候是当地的雨季，连续几天的大雨，使雨林里的路变得更泥泞、湿滑，也给徒步增添了更多困难。可是，我没有畏惧，跟着向导叔叔，勇敢地行进，蹚过小溪、爬过峭壁、跨过因被大雨侵蚀而倒下的参天大树……我还独自爬上了绞杀榕，虽然爬得很艰难，但是我通过自己的努力，抵达了终

点。这一路,我收获了满满的勇气与坚持的力量。

这些勇气都是《狗狗的胜利》给予我的,我也品尝到了胜利的滋味。这种滋味,让我联想到动画片中带着光环的奥特曼。胜利的光环是如此耀眼。但同时,我又想到了最近的新闻——日本核污水排海事件。虽然不像《狗狗的胜利》中描写的战争那样,有炸弹、有警报声,但这样的事,在我看来也十分残忍,它会对全球海洋生态造成巨大的破坏。我不希望地球上的任何生灵受到伤害。

胜利固然耀眼,仍愿和平常驻人间!

点石成金

　　战争主题的小说总是能受到男孩子们的喜爱与追捧,作品以独特的视角讲述战争的故事,小作者也以独特的视角解读了这部作品,从自己学游泳、解答数学题、再到雨林徒步等充满勇气的经历,我们看到小作者仿佛与小说中的巴克和哈尔一样充满了勇气与智慧。

# 行而不辍　履践致远
## ——读《汤姆·索亚历险记》有感

学校：海盐县向阳小学教育集团　　作者：褚长歌　　指导老师：朱小慧

　　我的书桌上，一直放着《汤姆·索亚历险记》这本书。暑假里，我再一次捧起它静心阅读，又见到了我的那位老朋友——汤姆。他逃学、打架，是小顽童一个；他寻宝、救人，是冒险家一位。重温了这个有趣的故事，更多的感受在我心头涌动，因为在他的身上，我或多或少看到了自己的影子……

### 热血在澎湃，行动在当下

　　自从目睹了印江·乔埃杀人的过程后，汤姆一直备受良心的折磨。因为害怕被凶手发现他们知道这件事，所以他和哈克、乔组成海盗帮，来到了一个小岛上。在这个人迹罕至、无人居住的岛上，他那股积极的行动力便显现出来了：用船帆做帐篷，拿树叶做杯子喝泉水，自制渔具钓鱼吃，找乌龟蛋打牙祭……这一切让我感觉他们并不是"离家出走"，而是来这个小岛上快活野营了，生活中的那些小困难，一点儿也难不倒他们。我心想，要是我去了那座岛上，一定很难存活下去——我既不知道如何点篝火，又不会烤食物，更不敢在野外睡觉……

　　约翰·费希特曾说："行动，只有行动，才能决定价值。"读着汤姆的经

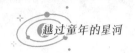

历，我不由得想起了自己的那次遭遇：那是一个普通的周末，我在图书馆看书。下午四点左右，我走出图书馆，准备坐公交车回家。刚走到站台上，车就来了，可是我一摸口袋，却发现我的公交卡不见了。没有卡，只能眼睁睁地看着公交车远去，我的心情瞬间跌落到了谷底。电话手表也没带，没法联系爸爸妈妈，我手足无措，只能傻傻地坐在站台上。时间一分一秒地过去了，夕阳的余晖染红了树叶，马路上车来车往。我越来越无助，也越来越害怕，但是却无计可施。最后还是妈妈察觉到了不对劲，开车来找我，这才把我接了回去。现在想来啊，其实有好几种办法可以解决我的困境，比如我可以向路人借手机给家长打电话；还可以向公交车司机求助；或者，我还可以尝试步行回家，如果不认识路了，也可以向路人询问等等。可惜，当时的我没有采取任何方法，只是坐以待毙，如果是汤姆，他一定会拿出积极的行动来解决问题的。

## 勇气在滋长，正义在激荡

让我们跟随着汤姆，继续他的冒险经历。当法庭审理墓地谋杀案，所有证人都宣誓证明波特是杀人犯时，汤姆挺身而出了。一开始他的舌头不听使唤，听众屏住呼吸静听，可是他一句话都说不出来，但"过了一会儿，这个孩子又有了一点儿力气，好不容易发出了声音"，后来"他说得越来越无所顾忌，话也越说越流利了"。勇气在滋长，正义在激荡。此时的汤姆已成为我心中的英雄，要知道他面对的可是一个穷凶极恶的强盗啊！做出当面指证的决定，对于汤姆来说很艰难，但他还是站了出来，说出了真相。拥有这样的勇气真是难能可贵。

暑假里，我有幸参加了科技创新大赛的决赛。刚进入赛区时，我信心满满，想在台上大显身手，激动得不得了。正式比赛前主办方安排了彩排环节，走上舞台，确定好站位后，我一抬头，发现一双双眼睛都盯着我，心脏便莫名地狂跳起来，紧张感"蹭"的一下升腾而起，我觉得后背一阵阵发凉,试讲时声音都开始颤抖了。彩排结束,我灰溜溜地下了台,之前的那份兴奋已经跑到九霄云外去了。我开始担忧正式比赛的时候忘词了怎么办?道具展示会不会出错?……就在我坐立不安之时,我想到了汤姆·索亚——他能勇敢面对杀人如麻的印江·乔埃,为波特洗刷冤屈。而我面对的是公平公正的评委们,这有何惧?想到这里,我的心不再被束缚,我的斗志也被点燃。比赛开始了,我落落大方地走上台:"科技就在身边……"我语速时而快,时而慢,语调时而慷慨激昂,时而亲切自然,动作也越来越丰富,台下评委的脸上也渐渐露出了赞许的表情。当掌声响起来的那一刻,我知道我成功了。

## 朋友在相伴,情谊在绵长

读完整本书,我发现虽然书名是《汤姆·索亚历险记》,但是在历险的过程中,汤姆一直是有同伴的。无论是目睹血腥残忍的墓地惨案时,还是组建海盗帮"离家出走"时,又或是在鬼屋探险和山洞迷路时,他的身边总有哈克、乔或贝琪的身影。他在山洞中利用风筝线找到了出口后,也没忘记还在山洞中害怕地等待着的贝琪,他折返回去费尽口舌说服了她,他们一起逃出山洞;他得知哈克生病后,立刻前去探望,一连去了三次才得以进门……是的,在这一系列的冒险经历后,他们之间的友谊更加坚固了。罗曼·罗兰曾说:"友谊的快乐与考验,使孤独的心和全人类有了沟通。"我想,在这段奇异之旅中,汤姆所获颇丰。

这也让我想到了马克思和恩格斯这对好朋友,他们给予对方无微不至的关怀。无论是生活上还是工作中,他们都时时刻刻竭尽全力为对方提供帮助。马克思逝世后,恩格斯又花了整整11年的时间,帮助好友完成其生前用毕生精力所写的《资本论》;我还想到了被人津津乐道的"管鲍之交",他们二人互相包容,既能同甘、又能共苦,是对友情最好的诠释;还有我国古代的两大诗人——元稹和白居易,无论是遭遇贬谪的事

业低谷,抑或是亲人故去的脆弱关头,他们都相互陪伴,不离不弃,成为患难见真情的模范好友。古今中外,故事常新,友谊常在。

汤姆·索亚,这位永远的朋友,用他独特的经历告诉我:人生之路上,如果拥有果断的行动力、坚毅的勇敢心、真挚的朋友情这三大法宝,那必将能走得更远。

点石成金

　　童年的经历可能不尽相同,但童年生活的感受却是如此相似。小作者通过读《汤姆·索亚历险记》,目睹了主人公独特的经历,感受到了主人公身上所表现出来的果断的行动力、坚毅的勇敢心和真挚的朋友情,勾连自己的生活实际,产生了巨大的共鸣,并坚定了以此"三大法宝"为引领,规划自己成长路径的决心,充分彰显了阅读的无限魅力。

# 寻找快乐的"钥匙",做更优秀的自己
## ——读《秘密花园》有感

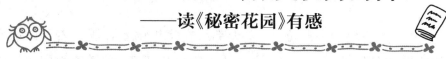

学校:海盐县向阳小学教育集团　作者:王景泽　指导老师:姜凌佳

快乐,使生命得以延续。快乐,是精神和朝气,是希望和信念,是对未来的信心,是一切都该如此进行的信心。

——题记

绵绵细雨中,空气里弥漫着湿润的味道,我缓缓翻开《秘密花园》,慢慢品味着书中文字带给我的神秘感、失落感、甜美感、快乐感,我的心情也随着书里的情节跌宕起伏,仿佛经历了四季更替,也寻找到了快乐的"钥匙"。

首次进入《秘密花园》,便有神秘气息扑面而来:印度、霍乱、雨夜、四轮马车、驼背、英国庄园……我仿佛置身于那"遥远的旧世界",那里的每个人、每种事物其背后都隐藏着深刻的故事。刚读到开头,我就隐隐预感到,在这个有着几百年历史、百来个房间差不多都上了锁的冷寂空旷的庄园内,也许会出现夜半歌声,或者黑色的飞鸟四处逃窜,或者突然倒塌几处房屋。但是,除了夜半哭声——这是因为小孩的任性,一切还算正常。当阳光扫去阴霾,泥土里终于钻出欧石楠的香气,所有想象出来的诡异立马被快乐的眩晕所替代。

## "钥匙"一：性格的改进是走出"固步自封"的前提

小说主人公玛丽在印度时，整天都待在家里由女仆服侍着，"印度女王"的待遇和父母的漠不关心，使她从小就性格孤僻，且敏感脆弱。父母因故去世后，她被舅舅的管家接到舅舅家里。此时的玛丽会因为仆人玛莎说了几句话，就歇斯底里，大喊大叫，在她的脸上看不到笑容。但自从发现了秘密花园，玛丽就爱上了户外，并找到了好伙伴，她待在花园里与伙伴玩耍，一天比一天快乐。玛丽的性格发生了变化，她变得活泼开朗、阳光向上。诚然，每个人都有自身的短板和弱点，尤其是性格上的问题，往往会伴随我们一生。但只要找到改变自己的突破口，勇于走出去，那和煦的阳光便会悄然温暖我们。

这不禁让我联想到了自己。从小，我就是一个极为内向的人，不敢轻易向别人吐露内心，也不擅长表现自己，这些都源于我的不自信。刚上学那会儿，我上课不敢举手发言，常常会躲避老师投来的目光。久而久之，我在班里成了一个不起眼的人。但班主任特别细心，她常常在同学们面前表扬我，让大家看到我、喜欢我。在老师的耐心鼓励下，我渐渐觉得自己仿佛被注入了强大的动力。所以，我选择改变自己，勇敢迈出了第一步，主动发言，并且积极参加班委竞选等活动。一次次的锻炼后，我发现自己比以前更自信了，学习的兴趣也越发浓厚。

快乐是切身的感受。在沮丧和失落时，我们可以试着改变自己的心态，找到属于自己的快乐。同时，也把这份快乐传递给身边的人。

## "钥匙"二：信任的力量是突破"一切屏障"的源泉

书中另外一位主人公科林，他的母亲在他出生后不久意外去世，他认为是自己害父亲失去了最爱的妻子。父亲不喜欢他,从不来看他。同时,病恹恹的科林从小深信自己活不长,不久就会死去。他甚至认为风会带来细菌伤害身体,因此他不愿意见到阳光,不接受新鲜空气,在窗户上钉满木板隔绝一切。直到霸道的小女孩玛丽来了,科林终于迎来了人生中第一位值得信任的朋友。他们一起找到了开启秘密花园的钥匙,秘密花园的盎然生机、朋友之间的欢声笑语,治愈了科林的抑郁悲观,使他喊出了"我会永远永远活下去!"这句话,让我们看到了他的蜕变与成长。

信任一个人和被人信任都不太容易,只有相互信任之后,才能相互成就。我想起了自己的桥牌比赛之旅。今年暑假,我报名参加了浙江省青少年桥牌锦标赛。但是,我是一个学习桥牌不久的"小菜鸟",因此心中忐忑不安,生怕比赛成绩不尽如人意,和我分在一组的朋友也一样"压力山大"。赛前,我们进行了高强度的集训,彼此打气加油,相互鼓励。虽然只有短短几天时间,但是我们每天都能看到自己的点滴进步,大家由衷地感到欣喜。经过磨合,我非常信任我的朋友,我们都相信对方能够取得好成绩。到了比赛那天,经过了五轮竞赛,我们组取得了当天全场第四名的好成绩。

信任可以增强我们的信心,促使我们相互成就,共同进步,引领我们走向成功。

## "钥匙"三:父母的爱是接近"优秀目标"的动力

父母对孩子的爱有时候是无声的,但不代表不伟大、不无私。科林的父亲因为科林母亲的突然去世感到非常伤心,从此不愿意多看孩子一眼,害怕爱上孩子后又经历一次失去挚爱的痛苦。事实上,父亲即使不愿意和科林相处,也还是会在他熟睡后悄悄来看他。当看到在秘密花园里的科林健康又快乐时,他的脸上也浮现出了多年未见的笑容。

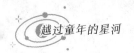

　　"坐姿要端正;吃饭别挑食;看书的时间到了;差不多可以去运动了;学习成绩还要再提高……"这是爸妈日常对我的一些唠叨,每次听到我总觉得烦躁,但我知道爸妈唠叨是因为关心我。爸妈对我的照顾无微不至,他们从来没有因为工作繁忙而忽视我,也从来没有因为顾着妹妹而忽略我。他们耐心地辅导我的功课,为我准备丰盛健康的早餐,为我每一次的进步送上真诚的掌声,那些美好的画面都印刻在我的脑海里,甚至生命里。父母的爱如空气,无处不在;父母的爱如星辰,不耀眼,却明媚斑斓。正因为这份沉甸甸的爱,我更要好好学习,努力提升自己,变成更加优秀的"我"。

　　灰暗的生命需要被更有力量的事物唤醒,它可能是一件事,可能是一个人,可能是一种物。这种唤醒其实就是找到开启快乐的那把"钥匙",也就是实现自我价值的那把"钥匙"。我们在成长的过程中,会碰到许多困难,但我相信,我们一定能战胜困难,保持自信、开朗、活泼、阳光的样子——没错,我们要保持优秀的模样。

## 点石成金

　　只有真正经历过蜕变,在成长中承受过阵痛,品尝过辛酸,又收获了成功的孩子才能写出这样略带忧伤却心性坚定的文章。小作者在读《秘密花园》时,不仅在读花园里的故事,更是在读生命中的自己。从自己性格的转变,再到获得信任的力量,体悟到父母之爱,一本书成为解开小作者心房的钥匙,更是他打开成功之门的钥匙。

# 团结·勇敢·坚持
## ——读《绿野仙踪》有感

学校:嘉兴市三水湾小学　　作者:姚廷诺　　指导老师:屠红雅

暑假里,我读了很多书,这本《绿野仙踪》让我印象尤为深刻。

《绿野仙踪》的主人公多萝茜和她的小狗托托被一阵威力巨大的龙卷风卷到了奥兹国,为了回到家乡,多萝茜历尽千辛万苦,和稻草人、铁皮伐木工、胆小的狮子携手去绿宝石城寻找奥兹王,最后终于实现愿望回到了家乡。

## 团结就是力量

在去绿宝石城的路上,多萝茜他们遇到了一道沟,这道沟很宽,沟壁也很陡。在多萝茜感到绝望的时候,胆小的狮子自告奋勇,把他们驮在背上跳了过去。他们继续往前走,遇到一片森林,这时,又有一道沟挡在了前面,这道沟太宽、太深了。于是大家坐下来商量该怎么办。经过认真的思考,稻草人说:"这里有棵大树,离沟很近,如果把它砍倒,让它落在沟对面,我们就能很轻松地走过去了。"铁皮伐木工立刻干了起来,大树很快被砍断了,它慢慢地倾斜。随着"轰"的一声巨响,大树倒了下来,架在了沟上。这时,两只卡利达朝他们追来。大家飞快地通过独木桥后赶紧把桥砍断了,卡利达掉到了沟里,摔得粉身碎骨。

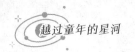

　　读到这里,我想到了一句话:团结就是力量。文中的多萝茜和伙伴们,遇到困难,齐心协力,一起想办法,终于实现了目标。生活中,遇到难事,我们也要团结起来,各自发挥自己的特长,共同解决问题。

## 要勇敢也要有智慧

　　到了绿宝石城,大家跟奥兹王说了各自的心愿,可是奥兹王却说要杀死邪恶的西方女巫才能帮他们达成心愿。于是大家出发了。他们一直往西走,走了一会儿,女巫召唤了一大群狼向大家追来,铁皮伐木工抓起锋利斧头一抡,就砍死了一只狼。铁皮伐木工很勇敢,把所有的狼都给砍死了。女巫又召唤了乌鸦向大家飞来,稻草人拧断了一只乌鸦的脖子。稻草人很有智慧,把所有的乌鸦都打死了。女巫气得火冒三丈,把多萝茜抓到城堡里当奴隶。多萝茜发现女巫怕水,就把水泼在女巫身上,女巫就化成水了。

　　读这一段故事,我学到了:面对敌人,要不急躁不鲁莽,要勇敢,也要有智慧。故事中,多萝茜被抓后,仔细地观察并想办法,终于战胜了邪恶的西方女巫。在日常的学习生活中,我们不但要勇敢,也要动脑筋去思考,用自己的智慧解决问题。

## 坚持会有收获

　　回到绿宝石城,奥兹王说他实现不了多萝茜的愿望,但是其他人的愿望他可以实现。于是,多萝茜和她的伙伴一起去找善良的南方女巫,希望能实现愿望。他们走着走着,遇到了一棵大树,当稻草人从树下走过时,没想到被树叶卷起来了。大家齐心协力成功救出了稻草人。接着,他们穿过了瓷器国,来到了考德林之国,但是考德林人不让他们穿过小山，于是多萝茜召唤了会飞的猴子，帮助他们穿过小山……终于，他们找到了南方女巫，南方女巫帮助稻草人回到了绿宝石城，帮助铁皮伐木工回到了西方，帮助胆小的狮子回到了森林，帮助多萝茜回到了家乡。

通过他们的经历，我感受到了多萝茜对回家的渴望。为了回到家乡，她虽然碰到无数困难，但一直坚持不懈，从不放弃。由此，我想到了自己，暑假里，为了制作读书小报，我反复设计、画画、抄写……碰到困难，几次想要放弃，但一想到多萝茜在逆境中努力克服重重困难的精神，我就鼓起勇气，坚持了下来，终于完成小报的制作，得到了妈妈的夸奖。这件事也给了我启发：坚持就会有收获！

## 点石成金

　　文章贵在"有感和有情"，本文的小作者做到了。小作者读了《绿野仙踪》之后得到了三个启示，并创造性地用小标题的形式，以书中情节为引，诠释了自己的独特感受，又联系自己的学习和生活，进一步阐述自己的观点。文章结构清晰，逻辑严密，内容有理有据，呈现出理性与感性的水乳交融。

# 丢掉枷锁
## ——读《会飞的小木屋·成长归来》有感

学校:嘉兴市秀洲区王江泾镇实验学校　作者:殷梦媛　指导老师:朱玉仙

　　忘记从什么时候开始,阅读成了我日常生活里不可或缺的一部分,书里的世界五彩斑斓、光怪陆离,似乎把我带到了一个又一个不同的世界。

　　暑假期间,按照打卡计划,我来到了图书馆,一本名为《会飞的小木屋·成长归来》的书吸引了我的目光。我感到非常疑惑,什么房子会飞?出于好奇心,我打开了这本书,然后就被里面的内容深深吸引了。书中有一位名叫成长的外星小朋友,他作为星际友好使者再次来到地球,来到星星小学。可他发现他的好朋友们并不快乐,而他们不快乐是因为周围的人不停地告诉他们:应该这么做,应该那样做,只能怎么怎么做!所以他决定带着好朋友们去远足,去探索,让他们在快乐中学习、思考、成长!

　　其实生活中,这样的人太多太多。很不幸,曾经的我也是其中一员。那时候,妈妈总是给我安排好一切,不问我的想法,让我做她认为对的事情。那时候,我还小,并不懂这是一种什么样的感受,只知道我不喜欢、不开心,我甚至害怕听到那句"这都是为了你好",因为一句句"为了你好",换来的是更多的兴趣班和数不清的练习题。我心里明白这些我都不想要,我想看会儿电视,想到处疯跑,想玩到忘记回家吃饭。但我什么都做不了,因为妈妈说小孩的任务就是好好学习,其他的都不重要。现在我知道了，那些是套在我身上的一道枷锁，一道名为"学习是唯一出路"的锁。为了让我上兴趣班，妈妈拼命工作，她也给自己套上了一道名为"责任"的锁。

我们似乎都在自己的位置上努力着，做着所谓该做的事情，艰难地维持着表面的平静。可终究，这根弦会崩断。那是一个很普通的傍晚，我像往常一样做着练习题，屋外传来阵阵嬉闹声，我知道那是月月她们在玩耍，我的眼睛开始时不时往外飘，直到月月的脑袋从门缝中探了进来："快来一起玩呀！"我不知道从哪里来的勇气，第一次没有完成妈妈交代的任务，就跑了出去，结果可想而知，下班回来的妈妈看到一片空白的作业本十分生气。现在回想起来，当时简直是鸡飞狗跳，就差上演"全武行"了。

之后好长一段时间，家里的氛围都很压抑。我故意不写作业，想要以此表达自己的不满和委屈，妈妈继续上班，但是不再逼我学习。一切似乎平静得有点诡异。可时间久了，我就开始想，要不算了，大概真的是我错了。当我还在犹豫着要怎么去和妈妈和解的时候，妈妈先开了口："以前为什么从来不告诉我，你不想这样？"我盯着妈妈，没有回答。"你可以说出来，我保证不生气。"妈妈再次开口，我依然沉默，妈妈也没有催我。过了很久，我试探着说："因为你们总说小孩的任务就是学习，你们说得多了，我觉得我就应该这么做，我怕你们失望！可是妈妈，我好羡慕别的小朋友可以看电视，好羡慕别的小朋友可以出去玩。"妈妈突然抱住我说："之前是妈妈没有做好，以后不逼你了，不给你那么大压力，兴趣班你不喜欢我们就不上，练习题太多我们可以不做！"

我以为自己听错了，我不敢相信事情会这样发展，我不知道究竟发生了什么，但我不敢问，我怕问了妈妈就会反悔。我想，不管妈妈出生什么原因做出这样的决定，我都是开心的。之后的事情更是超出我的想象，妈妈不再有加不完的班，有时候甚至会像个小孩一样耍无赖，我觉得这样的妈妈有点陌生，却感觉更加亲切。很久之后，妈妈才说之前逼我学这学那，是因为怕我长大后会怪她没有好好培养我，觉得家长就应该

这么做,因为别人都是这么做的。

现在,妈妈不再逼着我学习,可我却更加喜欢学习了,我不再把学习当成任务,而是一种爱好。学习很广泛,不仅仅局限于课堂和书本。一有时间,妈妈就会带我出去玩,去看看书上写的地方,在实践中不断进步,开阔眼界。如今,我可以在学习中感受到快乐,在快乐中更好地学习,这种卸下"枷锁"的感觉真好!

## 点石成金

　　因为亲身经历,所以感同身受。读着《会飞的小木屋·成长归来》一书,小作者聚焦"枷锁"之下的人的不快乐和"枷锁"带来的束缚,并用大量笔墨叙述了"枷锁"下真实的自己与去掉"枷锁"后变化了的自己。刹那间,我们明白了,书中这位名叫成长的外星小朋友决定带着好朋友们去远足、去探索的原因,也勾起了我们对"丢掉枷锁"的殷切期盼和美好向往。

# 真正的英雄
## ——读《狗狗的胜利》有感

学校:海宁市绿城育华安澜学校　作者:陈卓希　指导老师:沈徐强

　　"动物们从来不会主动上战场,但它们往往能够向我们证明,谁才是真正的英雄。"这是英国著名探险小说作家梅根·里克斯在他的著作《狗狗的胜利》中写的一句话。其实,当我看到这本书的书名时,就被吸引住了,因为我很喜欢看动物题材的小说。于是,利用这个暑假,我埋头读了起来。故事发生于第二次世界大战期间,伦敦伍德格林地铁站的地下隧道里,两只小狗巴克和哈尔出生了,在退伍士兵丹尼尔和独耳猫希巴的帮助下,它们逐渐长大。然而一场抓捕野狗的行动让这对好朋友被迫分离,在经历了许多波折之后,它们终于又团聚了。

　　在阅读的过程中,《希巴遇难》这一章节给我留下了深刻的印象。希巴在好朋友米斯蒂死后,承担起了保护米斯蒂的孩子的重任。在遇到凶恶的狼狗时,希巴奋不顾身地救下了米斯蒂的孩子,用自己的生命换取了小狗的生命。作者把这一段描写得很生动,它们厮杀的场景仿佛就在我眼前。小小的希巴敢于和比自己强大数倍的大狼狗搏斗,我觉得它真的很勇敢,从心里佩服它。特别是书中写到,希巴自知打不过狼狗,就把狼狗引到铁轨上,眼看地铁就要迎头撞上来了,我紧张得连气都不敢喘,就在被地铁撞上的前一秒,希巴跳上了站台,读到这里,我才长长地舒了一口气。只可惜希巴最后还是因为失血过多,死掉了。

　　希巴是真正的英雄,它不顾自己的安危救了朋友的孩子,这份勇敢

与担当,这种深厚的情谊,让我动容。动物们都如此重情重义,我们人类更该如此,更要珍惜身边每一个重要的人。我很自然地想起了以前的经历。记得三年级时,我有一个非常要好的伙伴。我们一起上学,一起放学,一起玩游戏,几乎可以说是形影不离。我原本以为我们是最好的朋友,可却因为一点小误会,我们开始互相怀疑,互相猜忌。其实,我从开始就意识到了自己的错误,但我没有勇气去承认,为了所谓的"自尊",以为真正的英雄绝不会向对方低头。甚至到了后来,在朋友最需要我帮助的时候,我也没有及时伸出援助之手。最终我们都失去了一份美好的友谊。现在想想,我们失去对方的原因,其实就是我们都把英雄的定义理解错了。

其实,英雄并不都是高大神圣的,有时候也很平凡,和普通人没什么不同。如果一定要说出有什么不同的话,可能就是多了一点勇敢与担当吧!

## 点石成金

　　小作者思维独特,认识深刻,通过对《狗狗的胜利》一书中希巴遇难事件的简述,表达了自己对希巴的敬佩,并道出了自己对"英雄"二字不同的理解——勇敢与担当。行文最后,小作者从自己的事例出发,阐述自己的真实认知和想法,不得不说这是小作者自己智慧的体现,在对"英雄"的认识上也给读者带来了全新的思考和极大的共鸣。

# 世界因科学创造而美丽

## ——读《惊世奇迹探险日记》有感

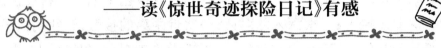

学校:嘉善县实验小学　作者:吴雨航　指导老师:彭生飚

　　你们听过一年换个样子的冰旅馆吗？你们见过晶莹剔透的玻璃水晶宫吗？你们想不想去世界屋脊的璀璨明珠——布达拉宫看一看呢？翻开《惊世奇迹探险日记》,让我们一起乘坐时空穿梭机,去探索充满神秘与挑战的未知世界吧。

　　真是不可思议,我简直不敢相信这样的好事会落在我身上。透过时空穿梭机的窗户,一个奇幻的世界正向我打开大门——

　　瞬间,我被一座晶莹剔透、宛如宫殿般的建筑物深深震撼到了。这座建筑线条轻快简洁,外观美轮美奂。最让人惊叹的是它玻璃材质的屋顶和墙壁,能让阳光畅通无阻地照亮整个空间,使人感到无比温暖与明亮。走进水晶宫,我仿佛走进了童话世界一般,这里如梦如幻,怎能不让人痴迷？

　　然而,更令我惊叹的是,这样一座名声斐然的水晶宫,竟然出自一位名叫约瑟夫·帕克斯顿的花匠之手。他在培育王莲的时候,偶然发现巨大的王莲叶子居然可以托住他七岁大的女儿。通过观察,他惊奇地发现:叶子上分布的粗壮叶脉使莲叶具有强大的承载力。花匠深受启发,并很快利用铁栏和玻璃建造出一间温室,而这间温室就是水晶宫的雏形。约瑟夫还因为水晶宫获得了爵士头衔。

　　就是这样一座俘获人们心房的玻璃房子,成了第一次工业革命时期

新型建筑的鼻祖,是历史上第一座以钢铁为骨架、玻璃为主要建材的超大型建筑,埃菲尔铁塔也是受它的影响建造出来的。真是让人赞叹不已!

一场奇特的冒险旅行,一次别样的体验,我被艺术创造与科技创意的魅力深深震撼了;一次深入的对话,一次近距离的接触,让我明白了,原来平凡的我们,只要心中有梦想,在生活中善于观察、积极思考,也可以带动某个领域的潮流,甚至推动人类社会的进步。

参观完水晶宫,坐上时空穿梭机,我继续前往下一站冰旅馆。而我的脑海中浮现出一座独具一格的篮球馆,那是独属于我们中国的篮球馆……

我微笑着感叹道:世界因科技创造而美丽。

## 点石成金

小作者借时光穿梭机,展开了一段段惊险、刺激、有趣的旅程,用别样的方式向读者介绍了书中的内容。小作者通过自然的过渡,铺陈出一个个精彩的故事和自己真实的感受,体现出了书中情节的美妙,文章的结尾也让人很受启发!

# 始终光明

## ——读《飞箱毁灭记》有感

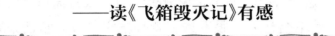
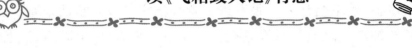

学校:浙江师范大学附属嘉善实验学校　作者:孙玮泽　指导老师:沈益萍

在一片火光中,那根火柴头上的颜色渐渐褪去,橙红的光芒向四周蔓延,将那一方小世界照亮。随后火焰慢慢熄灭,光线逐渐散开,只留下一片黑暗……

这是《飞箱毁灭记》中商人的儿子所讲的那个故事中火柴被点燃后的场景。我认为这是故事里最具有哲思的部分,既有火柴燃烧时欢呼雀跃的荒诞情境,又有火光褪尽后的悲凉之情,两者碰撞形成了极具冲击力的画面,与讲故事之人的命运相呼应。

此时商人的儿子正在给国王和王后讲述能打动他们的故事。他继承了父亲的所有财产,曾是家缠万贯、生活奢华的人,可惜"承欢纵乐日复日,万顷家业终颓倾"。就在他准备流浪之际,一个好心的朋友送给他一个旧箱子。他发现,这箱子并不如看上去的那么简单——它会飞。他驾驶着箱子来到了土耳其人的国土,后来准备和公主举行婚礼。如果这个故事到这里就结束了,那么就仅仅是一个让人惊奇的童话故事,仅仅是《飞箱记》。然而,这并不是结局。在举行婚礼的前一天晚上,箱子被烧成灰烬,他再也不能飞了,再也没有办法去迎娶他的新娘了。正是这样充满遗憾的结局,才成就了《飞箱毁灭记》。

读完这个故事,我的内心无比震撼。《世界神话传说》中有许多绚烂奇妙的故事,但《飞箱毁灭记》在我的思想之海中泛起的波澜最大,且久

久无法平息。它叙事方式奇幻简洁，语言如诗般优美，却蕴含着深邃隽永的道理，饱含着对生命的思考。正所谓"简单的事情往往最异乎寻常，只有智者才能看透"。这个故事通过令人发笑的情节，将人生至理呈现，简单又深刻。这个"简单"并不是说故事情节的设置简单，能蕴含深刻哲理的故事，自然不会让人一眼看透。若是把它当一个童话来看，飞箱的作用就够神奇了。但我不想只把它当作童话来看，闭上眼睛，三条线在我脑海中交织缠绕。

商人之子曾腰缠万贯，火柴曾在枞树林中沐浴阳光与雨露，由此想到现在的我们也享受着只有这个年龄才拥有的童真与自由。后来，商人之子的钱挥霍完了，枞树枝被制成火柴，用来生火，我们也将会长大，踏进社会。再后来商人之子得到了改变命运的飞箱，火柴得到了被赏识的机会，我们也在挫折中得到了人生的一些经验。

在这个故事的结尾，由于商人之子的炫耀之心，箱子被烧成了灰烬，火柴也为了证明自己而燃尽。可这只是故事的结局，并不是人生的结局，我们的前途由我们自己选择。但在现实中，总有人会为那些"不得不做之事"，空耗光阴，虚度时光。只低头看满地的"六便士"，却忘了抬头看看月亮，这便是很多人的困境所在。但我们都忘了，人在经受挫折、磨难之时，对美好事物的感觉会变得更加敏锐。就像在夜幕降临后，星星的光亮才会呈现在我们的眼前。春日十里樱花，夏日柠檬沁香，秋日金辉覆盖，冬日白雪纷飞，日出天海相拥，日落天地一色。如此多的盛景等着我们去领略，一时的追捧不过是白驹过隙，哪里值得我们耗费所有心力？

有人说，当你想要某种东西的时候，整个宇宙都会帮助你实现愿望，这句话有点夸张但却并非毫无道理。所以去当那蜡烛吧，而不是火柴，若你想要一生光明，你身边的一切都会为你保驾护航。

正如书中结尾所说，再也没有哪个故事能像火柴的故事那么好听了。人的一生当如那蜡烛，从头燃到尾，始终光明。

## 点石成金

　　小作者真是一个善于观察生活的人,敏锐地捕捉到了一个个有意义的瞬间。对火柴燃烧的场景的描写更是生动形象,让人能够感受到火光的温暖和火焰的跳跃。同时,通过"一方小世界"这一表述,也让人感受到火柴的微小,与整个世界形成了鲜明的对比。这种对比手法的运用,无疑能引导读者思考人生的意义和价值。整篇文章语言流畅,衔接自然,可读性强,再加上一些精妙词语的使用,真是一篇成功的习作!

# 信念，让我充满力量
## ——读《袁隆平》有感

学校:桐乡市世纪路学校　作者:武韵菡　指导老师:张凌玲

　　走过一片片金灿灿的稻田时,听着风吹稻浪的沙沙声时,捧起一碗香喷喷的米饭时,你是否会想起一个人? 这个人就是帮人类战胜饥饿、带来绿色希望的袁隆平。袁隆平爷爷被誉为"杂交水稻之父",还被称为"东方稻神",他是中国工程院院士、"共和国勋章"的获得者,是位令人尊敬和爱戴的科学家。

　　为了找到一株自然突变的"雄性不育株",他顶着炎炎烈日,脚踩烂泥,在田间不断寻找,甚至中暑了,也只是喝几口水。要知道从茫茫稻海中寻找"雄性不育株",简直是大海捞针! 读到这里我的眼睛湿润了,恶劣的环境、艰苦的条件、科研的失败、身体的疾病等一切困难,在袁隆平爷爷眼里都是纸老虎,都被他一一打败了。他一头扎进稻田里,苦心钻研。他经历了无数次失败,最终造福了全人类。

　　我合上书本,静静地思考:是什么让袁隆平爷爷如此坚持,甚至执着一生? 是信念! 当你念念不忘的时候,许多不可能的事情就变成了可能。

　　记得那一回,国际标准舞老师来招生,当看见老师婀娜多姿的舞姿时,我对跳舞产生了渴望。我突然想起有一次经过街道拐角处时,听到舞蹈房里传来芭蕾舞的曲子,那曲子是那么悠扬动听,节奏时而快,时而慢,时而激烈,时而温柔。我被这动听的声音吸引过去,透过窗户,只见一位大姐姐正在跳着优美的舞蹈,她高高举起双手,像一只振翅欲飞的天鹅。我仿佛被眼前的画面带到了另一个世界，那里鲜花遍地，湖光山色之间，美丽的天鹅在翩翩起舞……

从此，跳舞的种子在我的心上发芽了。我刻苦练习基本功，课上，舞蹈老师一遍遍地纠正我的舞姿，汗水模糊了视线，我也坚持着，认真地听老师讲解，没有一丝厌烦；回到家后，我会一遍一遍练习老师教的舞蹈，直到满意为止。

还有六天就要参加舞蹈比赛了，我已经做好了万全准备。可是在表演的前一天，我感冒发烧了，烧到三十八摄氏度，妈妈劝我放弃比赛。虽然我知道，比赛明年还会有的，可是放弃就意味着这段时间的努力不能被证明。想到这里，我的眼前浮现出袁隆平爷爷头顶烈日、穿梭在田间的画面，一个声音在我耳边响起："只要坚持不懈、坚定信念，你就能证明自己。"比赛那天，我坚持完成了舞蹈，表演结束后，刚走到后台，我就眼前一黑晕倒了，妈妈说我证明了自己，她为我感到骄傲。

感谢袁隆平爷爷，他教会了我很多人生道理。只有执着地追求梦想，不放弃自己的信念，我们才能一次次站起来，奋勇向前……

## 点石成金

　　作文的主题是"坚持不懈，追求梦想"，小作者很好地展现了袁隆平爷爷的坚韧和执着，同时也表达了自己对于舞蹈的热爱和追求。文章中，作者通过对稻田、稻浪、米饭的描写，将读者带入了一个美好的场景，同时也点出了袁隆平爷爷的伟大贡献，这种将人物和环境巧妙结合的手法，值得我们学习。文章语言流畅，表达清晰，感情真挚，让人能够感受到小作者写作的热情和信心。

# 坚持，通向成功的欢歌
## ——读《海豚之歌》后感

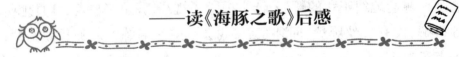

学校:海宁市绿城育华安澜学校　作者:范钰轩　指导老师:张宁洁

春天,春笋拔节,那是一首成长的欢歌;夏天,雷雨滂沱,那是一首奔腾的欢歌;秋天,稻田哗哗,那是一首丰收的欢歌;冬天,大雪纷飞,那是一首希望的欢歌。我爱听歌,听自然万物的欢歌,但我没有想到的是,今年暑假我听到了一首特别的歌——《海豚之歌》。

这首歌出自沈石溪之手。它讲述了海豚红背鳍三段跌宕起伏的命运轨迹,并同步勾连起了一对人类男孩女孩的故事,描绘了海洋生命的悲欢离合,传递了爱与自由的永恒价值。我很喜欢红背鳍这种动物,在它的歌中我读到了成长,那是生命拔节后的自我绽放,而爱与自由是其中不死不灭的希望;我读到了坚持,那是无论身处何种境遇,都勇敢面对人生,不畏艰难、追求辉煌的精神;我读到了友谊,那是一朝相处,就终生不离不弃的深情厚谊。

这首歌的高潮我认为非"坚持"莫属。因为坚持是海豚红背鳍能够成功的重要原因。正因为坚持,红背鳍才能在充满荆棘与磨难的路途中看到不一样的风景。也正因为坚持,它才能到达成功的彼岸。没有坚持,《海豚之歌》将失去灵魂,失去魅力。

说到坚持,我很羞愧。我一直都知道坚持很重要,但我做到坚持了吗?当我的小伙伴遇上解决不了的事情时,我时常会帮他们一起想办法,但助人为乐这件事,我坚持了吗?没有!许多时候,我会为自己的袖手旁观找到理由：我很忙、我不会、别人会帮的、他不是我最要好的朋友……仿佛只要能找到理由，不帮就成了理所当然的事情，别人也就无法指责我。可现在想来，乐于助人难道只是一两次的侠义心肠吗？乐于助人难道不该是坚持而为的一种品行吗？再说学习这件事，我始终如一地坚持了吗？还是没有！"三天打鱼，两天晒网""临时抱佛脚"，好像都是我在学习上的常态。对于学习，我不也缺少那份坚持的韧劲吗？

坚持，是柄利剑，能帮我们劈开拦路的迷雾；坚持，更是一首欢歌，能给我们奔向成功的力量。《海豚之歌》就是一首坚持之歌，更是一首成功的赞歌！

点石成金

　　《海豚之歌》让小作者有感有悟，充满了对生活的热爱和对成长的思考，字里行间流露出小作者的自信和热情。文首的排比句就传递出了积极向上的情感，让人感受到生命的力量和希望。书中对红背鳍和人类男孩女孩的描述，让小作者感受到了坚持的力量，并产生了关于坚持的思考和对坚持的信念，体会到了坚持的力量。文章用词准确，结构紧凑，鲜明地突出了"坚持"的主题！

# 做诚信的践行者

## ——读《一诺千金》有感

学校：桐乡市北港小学　作者：郁雨昕　指导老师：潘惠凤

诚信者，天下之结也；与朋友交，言而有信。

——题记

每每读着关于诚信的名言，我都会忆起秦文君所著《一诺千金》里的那个小男孩。

小男孩急着给患有低血糖的母亲买葡萄糖，向"我"借了两元钱，为了如期还"我"的钱，他每天晚上顶着倦意帮菜贩推菜，终于在第五天攒足了两元钱。他乏极了，倒在桥洞中熟睡了一整天，夜晚醒来后狂奔到"我"的窗前，把两元钱还给了"我"。

我被文中的小男孩深深地震撼了，是什么力量支撑着他连续五夜不停地为两元钱操劳？是诚信，是承诺！言而有信，一诺千金，是我们祖先传承下来的美德。它是一种无形的力量，是一笔巨大的财富，更是最美的人间真情。正因为小男孩的一诺千金，他长大后才成就了一番大事业，也让秦文君的世界多了一份信赖，让传统美德多了一份传承。

可在我们的生活中，有违诚信的事情却时有发生：网络诈骗使年迈的爷爷奶奶失去保障晚年生活的养老金；虚假的广告让年轻的消费者们花高价去购买不适用的商品；骗子借用儿童的电话手表，盗走电话卡，海量拨打诈骗电话，让孩子们信赖的世界蒙上灰尘。

诚信，诚信！我从没有像此刻深感诚信的重要，只有时时攥紧它，牢牢刻在心里，才能让信赖的光芒照耀人间。于是在那个阳光明媚的下午，诚信的力量战胜了我内心的欲望，让我和桐桐之间的友谊之花开得愈加绚丽。

　　那天，我和好朋友桐桐相约去图书馆看书，时间过得飞快，一转眼就到了出发的时间。可这时，爸爸兴冲冲地回了家，激动地对我说："宝贝，今天爸爸有空，正好可以带你去安吉漂流。"去安吉漂流一直是我梦寐以求的事！我连蹦带跳，想开口说"好的"，又连忙把嘴巴闭上了。一边是我的心愿即将达成，一边是我已和桐桐约好。我该怎么办？这时，我想起了《一诺千金》里的那个小男孩，想到他为了实现承诺连续五夜为两元钱而操劳，想到他和我同龄却已成为诚信的践行者，我不再犹豫，古有曾子杀猪，今有男孩还钱，现在嘛，就让我守着诚信去赴约。

　　"爸爸，我不去了，今天我和桐桐约好了，去图书馆看书。"我坚定地对爸爸说。爸爸看了看我，商量着说："要不，你和桐桐说一下，改改去图书馆看书的时间？毕竟爸爸也不知道自己下次什么时候有空。"我不假思索地说："不了，我先和桐桐约好了，'与朋友交，言而有信'，我要做个一诺千金的人！"我收拾了一下，让爸爸送我去图书馆，到了之后，我发现桐桐早已在那里等我了。我们手拉手走进图书馆，沐浴在灯光下，徜徉在书的海洋里，身上仿佛笼罩着一层圣洁的诚信之光。

　　我很庆幸自己做出了正确的选择，因为那天桐桐也为我拒绝了家里的安排，这件事使我明白了：我们要长大，我们要成才，我们要让这个世界变得更加美丽，就要传承管子说的"诚信者，天下之结也"，就要践行社会主义核心价值观之一——诚信！让我们一起做诚信的践行者吧！

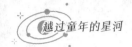

## 点石成金

　　本文以《论语》中关于诚信的名言开篇,直入主题,简洁有力。小作者由秦文君笔下一诺千金的小男孩谈到生活中一桩桩违背诚信的事例,发人深省。行文最后,小作者阐述了自身的真实事例,在诚信中开出了绚丽的友谊之花,所谓"诚信者,天下之结也",再次升华了主题。

# 有目标，就有动力
## ——读曹文轩《根鸟》有感

学校：嘉兴市南湖区新丰镇中心小学　　作者：周晨欣　　指导老师：沈菊芳

如果一个人对于身处困境的人产生帮助、救护之欲望，并实施了高尚的行为，他的心中一定会有一股暖流流过，他的心灵也一定会得到净化。人产生欲望时，心里就有了一个目标，有了目标，才会产生动力，从而使自己在努力的过程中，体验到人生的真理。

《根鸟》一书讲述了一个有趣的故事。一个少女在悬崖采花，掉进了峡谷。她出现在一个叫根鸟的少年的梦里，根鸟决定去救这个少女。他出发了，一飞冲天，去寻找属于自己的梦想。荒漠、草原、大山、村落、峡谷、小镇……他一路上遇到很多困难，走过许多地方。迷乱、摇摆、清醒、执着、一往无前，他在痛苦中品尝着快乐，在梦幻中游走，在困难中体验人生。他终于战胜了种种困难，在不经意间找到那个峡谷，他热泪盈眶……

我敬佩根鸟，敬佩他的勇气，敬佩他的自强，更敬佩他为了实现自己的目标而努力奋斗。人的生命是短暂的，有了目标，你可以让这短暂的生命焕发光彩，可以让这短暂的生命充满意义，可以让生命中的每一天都活力四射。有了目标，人的生命才会越来越精彩！

我是个爱花之人，也是个养花之人。我养过许多花，每次养花时的感受都是相同的：不经历风雨怎能见彩虹？有目标，有动力，才会成功。这种感觉一直伴随着我，驱使我做一个有目标、有梦想的人。记得我第一次养花，养的是一株不起眼的五角星花，它没有杜鹃的娇艳美丽，也没有牡丹的

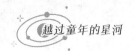

雍容华贵,但它有着人类少有的美好品质:它愿意为了自己的目标,付出一切。五角星花的目标是要让自己的一生充满意义,要过得精彩,勇于战胜任何困难。

一个夏日的午后,天气格外闷热,似乎将要下一场大雨。过了一会儿,天色果然暗了下来,黑压压的 大片乌云,让人害怕,接着便是电闪雷鸣,雨娃娃们仿佛听到了雷电的召唤,豆大的雨珠从天而降。看着这么大的雨,我们全家都忧心忡忡,大家都在想着同一个问题:五角星花怎么样了?它还活着吗?它能承受风雨的吹打吗?透过窗户,隐隐约约可以看见,豆大的雨珠落到五角星花那纤弱的身躯上,瘦弱的五角星花被这突如其来的"客人"弄得东倒西歪,许多花朵被这场雨打落到地上,叶子也从藤蔓上落了下来,但可以看得出五角星花仍在坚持着,它在与风雨搏斗着,它在朝自己的人生目标奋斗着。第二天早上,清新的空气迎面扑来,天空中出现了一道彩虹,让人心情分外愉快,更令人惊奇的是,五角星花不但没有离我而去,还开得更加蓬勃艳丽了。

根鸟和五角星花的精神都值得我们学习,他们都为了自己的人生目标而奋斗着,拼搏着,不管在前进的道路上遇到多大的困难,他们都努力解决。如果说帮助别人能让你快乐,那么品尝自己用汗水换来的成果,会让你更快乐!成功永远是一步步来,永远是和目标与动力结合在一起的!人生的真理,永远在你心中!

点石成金

小作者思想独立,认识深刻,从《根鸟》的主人公和五角星花身上读出了动力来源于目标。努力生长的五角星花,经历风雨后开得更加蓬勃艳丽了,细腻的描写中流露出小作者的态度与信心。行文最后小作者联系自身表明决心,升华了主题。

# 时间的滋味
## ——读《和时间赛跑》有感

学校:海盐县天宁小学　作者:张书睿　指导老师:金玉婷

时间,是你我最熟悉,也最陌生的伙伴。是我们最亲密,也最残酷的对手。

——题记

对于时间,你是做贪图安逸的池塘,在自己的世界里自得其乐,还是做永远奔流不息的河流,一路奔向浩瀚的大海？阅读《和时间赛跑》让我渐渐清晰了对时间的态度……

### 酸味:我生待明日,万事成蹉跎

"所有时间里的事物,都永远不会回来了。你的昨天过去了,它就永远变成昨天,你再也不能回到昨天了。"是呀,时间已经过去了,我永远不会回到幼儿园,我永远不会越长越小……时间一去不复返。过去我不知道时间有多重要,认为过去的事就是过去了,不值得感慨。周末我总是十点多才懒洋洋地从床上爬起来。这里玩玩,那里碰碰。直到下午三点才开始做作业,等完成作业就到了晚上。一天的时间就这么过去了,我却无动于衷,感觉没什么大不了的,时间还多的是。直到有一次,我遭遇

了"滑铁卢"。由于前一天晚上,作业做到十点多,第二天上网课时我无精打采的,什么都学不进去。妈妈恨铁不成钢地望着我,低声细语地对我说:"黑发不知勤学早,白首方悔读书迟。你总是这么拖拉,时间不知不觉就过去了,怎么能读好书呢?"我低下了头,终于觉得后悔了。天可补,海可填,南山可移,日月既往,不可复追。如果我继续拖拉下去,以后将一事无成。因为时间,从来不会为谁停留。

## 甜味:彼时正年少,不负好时光

当我读到"有一天我放学回家,看到太阳快落山了,就下决心说:'我要比太阳更快地回家。'我狂奔回去,站在庭院里喘气的时候,看到太阳还露着半边脸。我高兴地跳起来"时,我想起了暑假里笛子考级的经历。我知道八月十九日之前要完成笛子考级的视频录制,我的内心非常忐忑不安。因为考级的两首曲子,每首的曲谱都有两页纸,非常难背。特别是,高音我总是吹不上去,长音气息又总是不够,我还有一个很致命的弱点就是节奏不稳。怎么办呀?我忽然想到《和时间赛跑》这篇文章,那我也和时间赛跑吧。我打算在七月把第一首曲子录完,八月十六日之前把第二首曲子录完。有了目标,我开始努力,上午把曲子吹四遍,下午吹三遍,我还用计时器计时,一次任务要在十五分钟内完成。一开始我总是拖拉,总是超出点时间,不过慢慢地,我越来越熟练,能在十五分钟内完成了。我体会到了跑赢时间的快乐。就这样,我在七月顺利完成了第一首曲子的录制。有了第一首曲子的成功经验,我越战越勇,一天练习不少于六遍,妈妈做饭时我吹笛子,终于在八月十六日之前完成了第二首曲子的录制。有了暑假与时间赛跑的经历,我更会安排自己的生活了,我要把更多的时间用于博览群书,用于体育锻炼,用于饱览祖国的大好河山,多为自己的生活画上斑斓的色彩,多为世界留下辉煌的诗篇。

## 辣味:竞渡争分秒,破浪展雄风

当我读到"虽然我知道人永远跑不过时间,但是可以比原来跑快一步。如果加把劲,有时可以快好几步,那几步虽然很小很小,用途却很大很大"。我想到了红军长征,血战湘江、突破乌江、四渡赤水、巧渡金沙江、强渡大渡河、飞夺泸定桥,二万五千里长征中的战役哪一次不是在和时间赛跑? 多少次晨昏颠倒的急行军,多少次昼夜不分地恶战,红军战士们争分夺秒,一次次地跑赢了时间。即使敌我力量悬殊,他们还是凭着和时间赛跑的毅力,凭着绝不放弃的信念,苦苦作战,最终取得了胜利。当五星红旗飘扬在祖国的大地时,当胜利的号角响遍祖国的各个角落时,全中国人民都热血沸腾,感谢有这样一支无坚不摧的队伍,书写了人民的幸福生活。

"盛年不重来,一日难再晨。及时当勉励,岁月不待人。"我们唯有珍惜时间,才能做时间的主人。

## 点石成金

　　小作者阅读的这篇文章源于课本。小作者在与时间赛跑时品味出了不同的人生滋味:"白首方悔读书迟",想到懒懒散散的自己,小作者鼻头一酸;"彼时正年少,不负好时光",完成目标,跑赢时间后,小作者喜上眉梢,甜上心头;想到红军战士为夺取战争的胜利而争分夺秒,小作者犹如味蕾受到了辣的刺激,顿时热血澎湃。行文中小作者从自己联想到红军,倍感跑赢时间的重要性,结尾处联系自身表决心,升华了主题。

# 脚踏实地　少做白日梦
## ——读《宝葫芦的秘密》有感

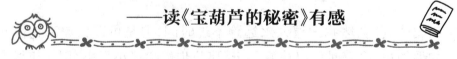

学校:桐乡市春晖小学　作者:姚楼微　指导老师:沈红梅

　　暑假刚开始,老师列出了一张阅读清单。在这张清单里,我一眼就看到了《宝葫芦的秘密》。什么样的葫芦可以称之为"宝葫芦"?它有什么神奇的地方?它居然还有秘密?我的心中充满了好奇与疑问。带着这些问题,我迫不及待地打开了这本书。

　　《宝葫芦的秘密》主角是一名北方的小学生,叫王葆。他的奶奶总是给他讲各种宝葫芦的故事,以至于他常常幻想自己也能得到一个宝葫芦。有一天,他真的在河边钓到一个宝葫芦,从此他要什么,宝葫芦就给他什么,他终于过上了梦想中的生活。但是,麻烦也随之而来,宝葫芦常常误解他的想法,还擅自做主给他许多东西,这些并不是他真正想要的。更要命的是,宝葫芦不会创造,它给王葆的一切都是偷来的,这让王葆成了一个没有追求、没有快乐的"小偷"!还好,最终王葆勇敢地告别了宝葫芦,从梦中醒来。

　　这本书使用了很多北京方言,有一种老北京懒洋洋的味道在里面,和我之前看过的书风格完全不同。读起来,就好像有一位长着长胡子的老爷爷,躺在摇椅上,一边扇着蒲扇,一边眯着眼在跟你娓娓讲故事。

　　再来说说内容,这本书让我体验了白日梦成真的过程。关于白日梦,我问了身边很多人,几乎每个人都做过白日梦,幻想自己不费吹灰之力就得到想要的东西。妈妈幻想过自己拥有一座大型超市,想吃什么有什么;徐嘉妮幻想过自己拥有无数个手机和平板电脑,无论去哪里,随手就能拿起来玩,再也不用担心被妈妈没收;我幻想过有人替我吃蔬菜、替我做作业、替我做任何我懒得做的事情。当然,结果就是,幻想只是幻想,从来没有人真正实现过白日梦。这本书带我们体验了一次白日梦,让我们发现原来要什么有什么的人生并没有想象的那么美好。王葆得到了很多名贵的花草,小朋友们问的时候,他却叫不出这些花草的名字。宝葫芦给他搭好的科学机械设备,同学们向他取经,他却说不出设计原理和搭建方法。各种好玩的、好吃的,他都说不出来路,只好不停地撒谎,非常尴尬。而且,他想要什么,宝葫芦马上变给他,这让他失去了努力的机会、奋斗的动力,使他觉得生活非常没意思。

我想,我们每个人其实都是王葆,都曾幻想过不劳而获的人生。但是,天上不会掉馅饼,先不说这事儿根本无法实现,就算实现了,看看王葆就知道,这样的人生也没有那么好过。财富是如何积攒的?努力的人会无比骄傲地说:"是通过我自己的努力,吃了很多苦才得到的。"不劳而获的人只能尴尬地扯谎。而且,轻易得来的东西,让人没有任何成就感,就像一个表面华丽、内心空洞的灵魂,没有奋斗的方向,没有追求的动力,最终也会失去生活的意义。

所以,《宝葫芦的秘密》这本书在告诉我们:要少做白日梦,多做实事。即使是宝葫芦,也要磨炼自己的本领呢!我们只有依靠自己的双手,勤奋磨炼自己的本领,才能实现梦想。以后,我不敢保证绝不会去做拥有宝葫芦的梦,偶尔想想问题也不大,但我依然是那个清醒、努力、热爱生活的我!

## 点石成金

　　本文语言真挚自然,充满童趣。小作者从《宝葫芦的秘密》中读到了做白日梦的快乐与烦恼,再联系生活实际,阐述了各种各样的白日梦。最后发出了"少做白日梦,多做实事"的倡议,全文在思辨中抒发自己的真情实感,升华了主题。

# 《城南旧事》读后感

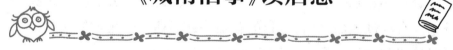

学校:平湖市毓秀小学　作者:谢钧玺　指导老师:沈凤

　　傍晚,太阳依然挂在天边,丝丝缕缕的阳光投射在河岸边高低不齐的树叶上,河岸边的人家灯光渐次亮起,在水面上激起微小的光晕。走在静谧的岸边,水面波光粼粼,天是幽幽的黄,岸边的柳条层层叠叠,灯光或隔着篱,或隔着竹,在和煦的风中摆动,明暗交接,若隐若现。站在石拱桥上往远处望去,一切都平和宁静。这让我想起了另外一个时空的英子,《城南旧事》的主人公。文中淡雅的文字亦如这平淡的傍晚,描绘了纯真的年代,让人难以忘怀,又如天上那颗璀璨的星星,光芒闪烁。

　　《城南旧事》描写了童年时期的英子在老北京的那些事,聪明灵巧的英子有一双明亮的大眼睛,洞悉着北京胡同里的那些老故事,时光仿佛已静止,那些已远去的春夏往事一幕幕翻转而过。有思念孩子"已疯"的秀贞;有质朴、善良的小偷;有失去孩子的宋妈。何谓对?何谓错?却没有答案。

　　"几度风雨几度春秋,风霜雪雨搏激流。"青砖黑瓦的四合院依然横亘在北京的胡同里,承载了多少人间烟火气。惠安馆就在这里,打开惠安馆的两扇大门,我仿佛看见了秀贞和妞儿紧紧相拥,看见了一个母亲对孩子的深深思念。那个被扔在齐化门前的小婴儿,历经坎坷和母亲相认之后却依然遭遇不幸,我为妞儿的身世感到痛心。她们母女犹如宋妈手里的鸡毛掸子掸起来的尘埃,伴随着射进惠安馆的那道阳光,飞舞起

来,飞着飞着就不见了。

"爸爸的花落了,我再也不是小孩子了。"似乎昨日英子爸爸还在打英子,她的哭声混合着雨声,还在胡同里回响。爸爸还在叫她做事情,还在鼓励她:"不论遇到什么事,硬着头皮去做,就闯过去了。"可是英子的爸爸却没有闯过生命之门,爸爸的花最终还是落了。他们院子里的夹竹桃,依然垂落在那里,见证了英子爸爸的花开花落。

书中的故事如平静的河水,缓缓地往前流淌着,不紧不慢,花开花落。一缕缕淡淡的哀愁,萦绕在读者的脑海里,不似高山峡谷中的江水波涛汹涌,也不似钟灵毓秀的高山让人胸怀激荡,书中的一切如我们的生活一般缓缓地来,缓缓地走,故事都有条不紊地发生着,如老北京胡同里的每寸土地,结实厚重,让人不断回味。

## 点石成金

　　小作者触景生情,由眼前的美景联想到另一个时空的故事,自然地引入主题。片段式地回忆书中的人物和情节,自如地运用文字。小作者又用婉转生动的语言,让扣人心弦的故事跃然纸上。"爸爸的花落了,我再也不是小孩子了。"逝去的已然逝去,留下的痕迹依旧值得回味!

# 令人向往的不老泉,让我们更理智地珍视当下
## ——读《不老泉》后感

学校:嘉兴市实验小学　作者:赵梓皓　指导老师:施吟云

今年暑假,我读了美国作家娜塔莉·巴比特的小说《不老泉》,为作者的奇思妙想所折服。通读全书,我知道作者想告诉大家:人的生命是短暂的,在有限的生命中,我们要更加珍惜当下的美好,努力书写属于自己的精彩篇章。然而,深刻的人生哲理,就如意韵深远的油画,不细细品味,就无法获得自己的见解。于是,我开始思索,假如我发现了不老泉,我是喝呢,还是不喝?

《不老泉》的主人公温妮·福特斯,本有机会喝下能让她"长生不老"的泉水,但她选择不喝,她在1948年永远地闭上了眼睛。塔克一家误喝了泉水,他们的时间停滞了,容颜不再发生变化,他们为了不让人怀疑,四处躲避,失去了家庭的温暖。塔克说,他们只是存在,就像路边的石头一样。温妮的动物朋友蟾蜍最后喝下了不老泉,开始满不在乎地蹲在小路中央,闭着眼睛"悠闲"地直面疾驰而来的卡车;而故事中唯一的反派"黄西装",一生都在寻找不老泉,期望喝下它,拥有它,期望它给自己创造无限的财富……

大家都在"喝与不喝"之间做出了选择,也因此决定了自己的命运。那么,我会喝吗?在回答这个问题之前,我问了爸爸,爸爸说,他不会喝,因为他不愿看到亲人一个一个离开,只有自己在这世上永久地孤独。妈妈说,她会喝,因为她想要照顾家人一辈子,她希望她的付出能让我们一

生顺遂。我，如果真的有不老泉，我是想喝的！谁能拒绝这致命的诱惑呢？秦始皇不能，所以他派遣徐福带领三千童男童女出海采仙药；唐太宗不能，所以他会轻信和尚的谎言，毫不迟疑地服下所谓的"长生不老"丹药；香港首富李嘉诚不能，于是投资了一家名为"寻找长生"的基因公司，旨在研究抗衰老科技；前世界首富杰夫·贝索斯也不能，他拉上一些商业巨头，请了一群顶级的细胞学专家，正在研究如何让人类重返十八岁。

为什么古往今来有那么多人对"永生"如此孜孜不倦呢？因为生命的珍贵和无常，让人心生敬畏与尊重；因为长生，能让部分人永固地位和权力；因为探索生命的极限，是人类对未知领域的好奇。总结来说，就是生命很美好，太多人希望能将这些美好永续下去。可这些美好，如果真的永续下去，就变成了平平无奇的事情，变成了稀松平常的事情，我们还会珍惜吗？当然不会！只会开始反向折腾，人总是这样！

或许随着科学技术的发展，在未来的某日，人类终将克服所有困难，成功研发出真正的不老泉。然而，现在并没有，充满想象的不老泉只是一种向往！是作者巴比特用荒诞窘迫的情境与温和天真的笔调给我们编织的一个梦境！我是喝不到的！想到这里，我对自己笑了笑，提醒自己，清醒地面对现实生活，科学地了解生命规律，不要再纠结寻找"长生"的秘诀。妈妈说："如果我们无法增加生命的长度，那就一起增加生命的厚度吧！"

是啊，生命短暂又何妨？我们同样可以活出精彩，活出无与伦比的价值！比如乔布斯，在他有限的生命里，造出了第一台使用图形界面和鼠标操作系统的个人电脑，他创造的苹果电脑有着高质量的硬件、稳定的操作系统、优秀的设计等，让全世界的用户欣喜若狂；比如切尔诺贝利核电站事故后，需要三个人进入辐射高达两万伦琴（约等于拍两千次胸片）的淹水区关闭阀门，否则将对全世界造成严重的核污染。在这种关键的时刻，巴拉诺夫、阿纳年科和别斯帕洛夫这三位伟大的英雄站了出来，义无反顾地接受了命运的安排！他们的生命虽然短暂，但他们这种舍生取义的精神令我们动容！《寻梦环游记》中有这么一句话："死亡不是生命的终点，被遗忘才是！"是啊，一个人活在世上，如果没有产生价值，一直碌碌无为，那他一定会感到空虚。

阅读《不老泉》，一开始觉得它是一个童话，读着读着，发现它实则是一本哲理书，向我们揭示了生命的短暂和时间的无情，同时也在点醒我们：珍爱生命，珍惜时间，在有限的生命中，追求自己的理想和梦想才是人生的真谛。听了我的介绍，你是不是也想翻开《不老泉》看一看呢？

## 点石成金

这篇文章对"喝不喝不老泉"进行了多维度的思辨性分析，语言深刻，富有哲理。作文先叙述了《不老泉》中各种角色的不同抉择，以及不同选择带来的不同后果，接着列举"秦始皇""唐太宗"等例子，证明永生的诱惑，最后回归现实——"不老泉只是一种向往"。文章结尾再次升华主题，要"在有限的生命中，追求自己的理想和梦想才是人生的真谛"。

# 于平凡之中遇见"光明"

## ——《假如给我三天光明》读后感

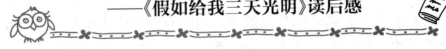

学校:桐乡市洲泉中心小学　作者:陈星懿　指导老师:严亚敏

罗贯中、杨红樱、沈石溪……一个个作家的名字在时间的细缝里游走,走进我们的人生,给我们留下或温暖或激荡的印记。在那些熠熠生辉的名字中间,我抓住了她——海伦·凯勒,尽管她与我处在不同的国度,但是她写的《假如给我三天光明》真的触动了我。

这几乎是海伦·凯勒的一本自传!她出生于美国,一岁多时,因为患猩红热失去了视力和听力,在家教老师安妮·莎莉文的帮助下,不断学习,最终考上了她梦寐以求的大学,成功地掌握了英、法、德等五国的语言,从困境之中走了出来。这是一本传奇的自传!

试想,一个困在黑洞里的人,如何才能叩开探寻外部世界的大门?

试问,一个自幼被痛苦吻过的人,如何一边成长,一边回报世界以铿锵的乐歌?

试论,一个自强不息的灵魂如何给成千上万人带来无穷的信心与希望?

海伦·凯勒对重见光明的渴望是如此强烈。她在书中提到,如果她有三天的光明,第一天她会去看看这世上的人,自己的家人、朋友,特别是自己的老师;第二天她要去看看人类发展的历程和人类的精神灵魂,去看看历史博物馆、艺术博物馆;第三天她则会去看看自己生活的城市,一切都是那么美好,一切都是那么光明。而现在却有很多人不懂得珍惜自己所拥有的东西,或许只有失去了才能发觉它们的可贵。

我的视力很好,亲人的脸、家的模样、生活着的城市,于我而言是再熟悉不过的事物,我不曾想过它们竟会成为别人奢望的"光明"。细想来,在那些习以为常的日子里,流淌着的光阴同样弥足珍贵,因为那些时光里夹杂着真情、思考、成长与感动。

我能看见自己的母亲:在我从自行车上一次次摔下来的时候,母亲不停地给我鼓励,耐心地教我如何起步、蹬车、刹车。母亲那温柔而坚定的眼神,是我的"光明",给予我无限的温暖与勇气。

我能看见自家店里的那把理发刀:那是一把被岁月磨光了锐气的理发刀,它不再锃光瓦亮,但街坊邻居却经常点名就要用这把理发刀理发。理发刀下那一段段啼笑皆非的故事,是我永不会忘记的"光明",它教给我爱与责任。

我能看见小镇上最热闹美丽的公园:闲暇之余,我会和我的好朋友们带上好吃的食物,到草坪上野餐。我们还会玩游戏,时而玩"老鹰捉小鸡",时而玩"三二一,木头人"。有时我们会手拉手,围成一个小圈,唱着儿歌,好不快乐。公园里那一串串欢声笑语,是我珍藏于心的"光明",它们让我的童年变得五彩缤纷。

是啊,我看得见,我都看得见……

在每一个平凡、不起眼的日子,都有一道光打在你身上,然后斜斜地划过。从今天开始,我想去记住身边那些平凡人的名字,武军、小菊、飞玲、家城……因为他们,是我生命中要用力去守护的光明。

## 点石成金

本文材料生动丰富,结构独特合理。小作者先阐述了海伦·凯勒传奇的一生,接着描述了海伦·凯勒想拥有三天光明去看看"这世上的人""人类发展的历程和人类的精神灵魂"以及"自己生活的城市",紧接着小作者联系自身实际,列举三个事例与上述愿望——对应,说明自己能轻而易举地实现海伦·凯勒梦寐以求的愿望,前后照应,形成完整的逻辑。

# 一路西行路漫漫

## ——读《西游记》有感

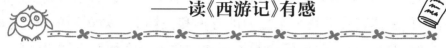

学校：东北师范大学南湖实验教育集团　作者：薛景文　指导老师：王岚

尊敬的唐僧先生：

您好！

我每每捧起一本书，总是流连忘返，您知道是什么书吗？没错，就是《西游记》。对我来说，跟随《西游记》，跟随你们师徒的足迹一路西行，是一件十分快乐的事，我仿佛能通过书页，和你们师徒交流。这本书我真是百看不厌、爱不释手。

实不相瞒，初读此书，我只知道孙悟空的厉害，它上天入地，无所不能；猪八戒总是吃不饱；沙和尚默默无闻地挑担；至于您，我总觉得您善恶不分，阻止孙悟空打妖怪，读到这里我就气不打一处来。于是在很长一段时间里，孙悟空成了我的偶像。

再读这本书，我发现越读越有味道，我开始思考，也渐渐明白了您的心境：取经是使命，不杀生是本性。您是佛家弟子，以慈悲为怀，阻止孙悟空是出于本性。这一路上险象环生，您每天提心吊胆，无数次被孙悟空救下，尽管如此您也没有退缩，最终排除万难，历经九九八十一难终于到达西天，取得真经。您的形象在我心中也逐渐高大起来。

事虽难，做必成！我其实还是个铁杆军事迷，我想和您分享一支队伍——那就是中国共产党领导的红军队伍，战时他们为了保家卫国，英勇面对敌人的围追堵截，坚定自己的理想信念，他们不怕牺牲，不怕困

难,经过漫长的斗争终于取得了胜利,这一路也是千辛万苦! 是不是和您特别像? 我想,您一定会有共鸣。

有人说您的坚定来自对真理的追求,您曾说过:"宁死不违此誓。"这句话表明了您对信仰的坚定。我知道您并不是一个铁石心肠的人。相反,您的仁慈体现在对每一个生命的尊重和关怀上。对聪明的悟空、懒散的八戒、憨厚的沙僧,您都给予了深深的关爱。在面对妖魔鬼怪的时候,您总会选择去保护那些无助的生灵。仁慈使您成了真正的领袖,仁慈也使您赢得了他人的尊重和信任。我能成为这样的人吗? 我忍不住一次次询问自己。

唐僧先生,您知道吗? 其实过往的我非常没有自信,我个头不高、体育一般、成绩也在中游,身处集体中总感觉自己是一个透明人,久而久之我也习惯了。直到我迎来了一个转折——我成了劳动委员! 有了老师的鼓励,为班级服务的信念深植在我心中。我坚持不懈地督促班级的卫生打扫工作,有同学偷懒开小差,我也从您身上学到了"慈悲为怀",友善、耐心地提醒他们不要偷懒,成了班级里的"唐僧"先生,带着这个称号,我的服务工作做得更加乐此不疲!

电视剧版《西游记》的片尾曲响起"迎来日出,送走晚霞,踏平坎坷成大道,斗罢艰险又出发,又出发……"真经不在西天,而在路途中;佛祖不是如来,而是自我。经过九九八十一难,我们才能找到真正的自我!

祝您

身体健康,普度众生!

您的粉丝　薛景文

2023 年 9 月 10 日

## 点石成金

　　小作者别出心裁，通过给唐僧写信的形式，来表达读《西游记》后的感受。从初读时认为唐僧善恶不分到再读时明白了唐僧的处境，并且从他身上学到了对信仰的坚定和慈悲为怀的品质。文中适时穿插了红军斗争的历史和小作者自身的经历，与唐僧的品行相呼应。文章结尾总结到"经过九九八十一难，我们才能找到真正的自我"，升华了主题。

# 山的那边有妈妈

## ——读《走过两个月亮》有感

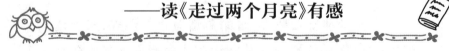

学校:海宁市硖石小学　作者:顾昕怡　指导老师:黄梓琪

"不要随意评价别人,除非你穿上他的麂皮靴走过两个月亮。"

生活就是这样,你总以为自己走过的路,看过的风景已经足够多,总是喜欢站在道德制高点对别人评头论足,殊不知你的渺小无知被一种伟大而深厚的情感衬托得如此浅薄。你笑别人的同时,别人又何尝不是在笑你呢?

从前的我并不懂这些,总是自以为是,不会站在别人的角度去思考问题,直到我的生命中出现了这本书——《走过两个月亮》,它像一位与我失散多年的老友,一看到封面,我就有种熟悉的感觉。那个站在海边远眺明月的女孩,微风吹动着她的发丝和裙尾……"我要去认识她,我要读她的故事!"我的耳边忽然响起这个声音。我与女孩萨拉一起踏上寻母之旅,与她一起笑,一起哭,一起沉沦,一起疯狂,一起体会失去至亲的痛苦,一起体悟成长的复杂滋味。她与我分享着她的人生,而我与她共情着我的体悟。

我一直觉得过分放大亲情是一种矫情,只有极度缺爱的人或者智力低下的人才需要这种被爱的自证。我的舅舅就是后者——一个四十来岁却只有几岁孩子智商的可怜人。其实我也没怎么叫过他舅舅,因为即便叫了,他也只会看着我傻笑。我把他当成了家族的耻辱,虽然这种想法是藏在心里的,但是我却真真切切地表现出了对他的厌恶。每次家族聚餐的时候,妈妈肯定会要求带上舅舅,我就要求让舅舅坐副驾驶座,吃饭的时候也要和舅舅隔开几个位子坐。是的,我连和他一起坐都不愿意,总觉得他的愚蠢会传染似的。舅舅一直是开开心心的,我有时也羡慕他不用学习,不用考试,不用体会我的这些烦恼。

我以为舅舅是不会伤心的,直到外婆去世的时候,我看到了舅舅前所未有的模样。一开始,舅舅还在人群中傻乐,仿佛自己母亲的离世与他无关,这让我更讨厌他了。我故意从他身边走过,狠狠地挤了他一下,把他吓得差点摔倒在地。妈妈看到了,连忙走过来,抓着我的胳膊把我往外拖,她不想在舅舅面前训斥我,就在屋后的李子树下,折了一根树枝想打我。我却涨红了脸,喊道:"外婆去世了,舅舅还那么高兴,我就是讨厌这个傻子!"妈妈手里的树枝重重地落在我胳膊上,没几下我的胳膊就又红又肿了。谁知道这时,舅舅小跑着出来找妈妈,他看了看妈妈,又看了看我,和妈妈说了句:"找妈妈去。"他想找他的妈妈,我的外婆。呵,他都不知道外婆已经去世了,真傻!我在心里暗暗想着。妈妈哄舅舅:"我们去找找……"

不知道过了多久,妈妈和舅舅从外面回来了,舅舅的脸色很难看,突然他放声大哭起来:"妈妈在山那边,山的那边有妈妈,我要找妈妈……"我问妈妈:"为什么舅舅说山的那边有妈妈?"妈妈思索了片刻后,告诉我:"舅舅小的时候,外公其实想扔了他,都把他带到山里头了,但是你外婆又哭着去找他,所以舅舅觉得你外婆又去山里找他了……"说着,泪珠滑过了妈妈的脸颊。当时,我不知道自己是怎么了,总觉得心被什么刺了一下,有一种硬生生的疼。我最爱的外婆,她心里最放不下的就是舅舅了吧。舅舅的快乐天真是被外婆深深的母爱保护着的,如今没了这层保护,舅舅的快乐也丢了……那一夜,舅舅一直重复着一句话:"我要去找妈妈,山的那边有妈妈……"

如今,我看了《走过两个月亮》才顿悟,舅舅对外婆的这种毫无保留的依恋不正是世界上最纯粹的情感吗?舅舅不就是一直不放弃寻找母亲的萨拉吗?我多想山的那边真的有他的母亲,我的外婆;我多想看到

以前那个天真烂漫的舅舅;我多想舅舅能和以前一样令我"讨厌",因为那样的舅舅,是沉浸在爱里的。

　　山的那边是妈妈的遥望,山的这边是孩子的呼唤,虽然这座山无法翻越,但是世间没有任何事物能阻隔血脉相连的思念。此时此刻,我明白了,也学会看清世界上真正的美好,要带着这份纯净,去感受世间的每一份爱。

## 点石成金

　　本文感情真挚,极富感染力。小作者在读完《走过两个月亮》一书后,并没有"为赋新词强说愁",她在深入揣摩书中萨拉对母亲的牵挂的同时,有机地联系现实生活,通过舅舅对外婆的依恋,生动诠释了血脉相连的情感,字里行间流露出浓浓的深情。文章最后水到渠成,小作者"学会看清世界上真正的美好,要带着这份纯净,去感受世间的每一份爱。"

# 在逆境中成长，为理想而奋斗
## ——读《三角地咖啡馆》有感

学校:嘉兴市辅成教育集团　作者:余果　指导老师:金晓岚

"山遥水远遗墨间，彼岸花开意连连，行笔走墨书流年。"曹文轩，一个用诗一般的笔触去谱写每个真实瞬间的作家。他的作品读起来很美，描写了许多悲伤和痛苦的童年生活，给我们树立了面对艰难生活也要勇于战胜的榜样，所以他能够赢得广泛的儿童读者的喜爱。

《三角地咖啡馆》讲述了一个有关家庭与成长的故事。十六岁的主人公是这个家庭的长子，他正处于青春萌动期。爸爸是个酒鬼，妈妈是个赌徒，老二踢球总砸碎玻璃，老三学习很差，老四是个小偷，只有小妹很懂事。他喜欢搞艺术，父母恶劣的习性与弟弟们的巨大拖累，将他推向了生活的深渊。在这样的家庭环境下，主人公勇敢地挑起了生活的重担，努力使这个家庭变好，最终一家人回归幸福。

这部小说并没有刻意"美化苦难"，而是真实地刻画了一个少年在艰难的环境中曲折成长的经历。在逆境中，主人公挺身而出，让那对落魄的夫妇回到家中，后来，老二进了足球队，老三学习好了，老四改掉了爱偷东西的毛病，亲人们都回到了主人公的身边。少年成长的过程是忍受痛苦、战胜消极的过程，是不断唤醒自我、积蓄爱的能量的过程。这个过程何其艰难！但幸福与诗意也蕴藏在这个过程中。这是多么令人感叹的事啊！在一生中最好的青春年华，在本应该被父母宠爱的年纪，他凭一己之力撑起了整个家。他自尊、自强、热爱生活，背负着不符合这个年

龄的责任。这一切使他渐渐明白了生活的艰辛,也磨炼了他的意志。好在希望之光并没有放弃他们一家人。

试问,我们谁有这样的坚持,谁能做到这种程度的付出?他身上拥有的伟大品质是我们所要学习的。在生活中,我们常常因为一些小问题,做事半途而废:做手工的材料不够了,烤饼干没找到黄油,画画的笔丢了一支……这样的我们很难想象主人公经历的那些困境。这让我想到了那些"不向命运低头"的人:伟大的音乐家贝多芬双耳失聪却还坚持创作,春秋时期的越王勾践卧薪尝胆打败了吴王夫差,双眼看不见但仍然坚持学习说话和演讲的海伦·凯勒……《三角地咖啡馆》教会了我成长的意义与真谛:哪怕过往的你无比糟糕,人生的路也要坚持走下去。继续追寻理想吧,说不定有一天就实现了呢。

我不禁联想到自己的亲身经历——一次羽毛球比赛备战训练时,教练加大了训练强度。我跳跃时,由于重心不稳,摔了一跤,只觉得左膝一阵剧痛。到医院后,被诊断为膝盖扭伤。那时,我心里有惊慌,有不安,还有痛苦。怎么偏偏在这个节骨眼上伤了膝盖?在家经历一周短暂的休息后,我匆匆恢复了训练,没想到,在场上的我动作全变了形,力量也跟不上,这使我特别绝望。"加油,余果!别放弃,会慢慢恢复的。""你一定行的,坚持!"教练和队友的鼓励不绝于耳。我忍着伤痛,一点点加大训练量,状态也慢慢回来了,心里恢复了自信。终于,我站上了赛场,一场又一场地拼搏着。尽管我没能获得理想的成绩,但教练走过来,拍拍我的肩:"余果,你很棒,在我心里你就是冠军。"我被这句话深深地打动了,我为自己感到骄傲,走过逆境的我真的很厉害。

从贫困、无助、被人唾弃到凭借自己的努力获得幸福,三角地发生的故事如此不可思议。书中少年在逆境中成长,为自己的理想而奋斗,一路走来,他吃了很多苦,流了很多泪,但一切都很值得。

## 点石成金

　　这篇文章展现出小作者的深刻思考和见解。他通过对一个少年在艰难的生活情境中曲折成长的经历的剖析,呈现了少年的坚韧和毅力,也触动了读者的内心。在文章结尾,小作者通过自己的真实经历和想法,向读者传达了在逆境中成长并为理想奋斗的信念,使得文章更具说服力和感染力。

# 做生命的强者
## ——读《老人与海》有感

学校:嘉兴市友谊小学　作者:徐予瑄　指导老师:沈方平

最近我看了一本书,叫作《老人与海》。书中老人与命运的斗争,让我感慨万千。

这本书讲述了古巴一位名为圣地亚哥的老渔夫,独自驾船去深海捕鱼的故事。他已经八十四天没捕到鱼了,但他不放弃,终于在第八十五天,捕到了一条巨大的大马林鱼。老人从来没见过如此巨大的大马林鱼。这条鱼把老人和他的船拖行了两天两夜。终于,老人战胜了极大的艰难险阻,把大马林鱼刺死。可在返航时,鲨鱼来争抢大马林鱼。老人用尽全力与鲨鱼搏斗,结果,大马林鱼还是被吃光了。靠岸后,大马林鱼只剩下一副骨架。

老渔翁是千千万万与命运抗争的人之一。不可否认,每个人都有弱点,每个人都会被命运攻击,但是,如果一个人去努力改变自己,勇于与命运抗争,即使他屡败屡战,他也是生活的强者。这或许就是作者海明威想告诉我们的真理吧。

鲨鱼就好比人生中会遇到的困难,大马林鱼就好比人生的奋斗目标,大海就好比变化无常的人类社会,老人与大马林鱼之间发生的一系列故事不就是我们人生的缩影吗?

人生会经历很多困难,也会经受许多打击,但我们要敢于抗争。记得有一次,我成功杀进"希望杯"复赛。可是,当我拿到试卷时,一眼看去每道题都很难。五分钟,十分钟……我十分急躁,甚至想把笔一丢,不做了。可是,如果我放弃,参赛还有什么意义?我冷静了一会儿,下定决心,做!我沉下心,慢慢地解题,遇到不会的就先放一放,不在一道题上浪费太多时间。就这样,我静静地想,静静地做。我发现不是每道题都是攻不破的"堡垒",我还是能够解开一些题的。在考试时,我也遇到了阻碍,也急躁过,但是,当我想到《老人与海》中与命运顽强抗争的老人时,我深受鼓舞。我静下心来,成功地做出题后,一丝丝甜意涌上心头。再战,再战。我攻下了一座座"堡垒",克服了一个个难关,心情十分激动,像澎湃的江流,每滴水都包含着欣喜与激动;像嘶鸣的野马,每声嘶鸣都是心里激动之情最直接的表达。虽然在交卷时,我还有一些难题没有解开,但我战胜了阻碍,战胜了自我,我已经成为生活的强者,我无愧了。我望着湛蓝的天空,听着飞鸟的歌声,嗅着花朵的香气。啊,我已战胜了困难,它没有将我打败!此时此刻,我是成功的人!

命运,何为命运?何为战胜命运?我带着这样的疑问,再次细读《老人与海》。当我看到老人那悲惨的身世时,我明白了何为命运。我们可以像老人一样,在遇到困难时勇敢面对,尽自己所能去战胜命运;也可以在遇到困难时,一味地报怨,报怨上天不公,逃到无路可逃,但这就意味着我们被命运击败了。

"一艘船越过世界的尽头,驶向未知的大海,船头上悬挂着一面虽然饱经风雨剥蚀却依旧艳丽无比的旗帜,旗帜上,舞着云龙一般的四个字闪闪发光——超越极限!"这是作者海明威对《老人与海》的评价。我想,这句话同样是文章的中心——做命运的强者。

## 点石成金

　　本文开篇点题,重点介绍了《老人与海》一书中作者印象最深刻的情节。通过自然的过渡,小作者联系了自己的实际生活,引导读者深思——要学会与命运做抗争。本文感想真实具体,语言流畅,结构完整。结尾与开头呼应,点明了主旨,突出文章所蕴含的深刻道理:在遇到困难时要勇敢面对,尽自己所能去战胜命运。

# 轻舟已过万重山
## ——在《走过两个月亮》中获得启迪

学校:东北师范大学南湖实验教育集团　作者:王艺景　指导老师:朱春艳

在俄亥俄州通往爱荷达州的公路上,疾驰的汽车内,女孩萨拉和她的爷爷奶奶正在前往刘易斯顿寻找她一年前离家出走、至今未归的妈妈。实际上,他们在启程前就知道妈妈车祸去世的消息,可萨拉却难以接受,认为妈妈的离开都是自己无意间犯下的错导致的。爷爷奶奶为了让萨拉意识到这一切都不是她的错,决定带萨拉走一遭妈妈生前走过的路。

一路上,奶奶为了减少萨拉对妈妈离家的愧疚,叫萨拉讲故事给她听。在对过去的回忆和叙述中,萨拉的心境从原来的自怨自艾,慢慢变得通彻、释然,其中一封信对她的成长极为重要。

在同学菲比家做客时,萨拉收到了一封给菲比妈妈的格言式的信:"不要随意评价别人,除非你穿上他的麂皮靴走过两个月亮。"冷玉斌老师曾这么解释"麂皮靴"的含义——"麂皮靴"指别人的人生,穿上别人的"麂皮靴"就是一次共享,一次共情。书的题目《走过两个月亮》即是指走一遭别人走过的"路"。萨拉穿着妈妈的"麂皮靴"走了一遭妈妈生前最后的旅途,她意识到自己已经"找到"了妈妈,也就接受了事实,走出了内心的阴霾。

我们若放下过往的误解、"意难平",尝试穿上别人的"麂皮靴",心中的那片天地也会因理解而纷嚣散去、豁然开朗。

我曾经在作文比赛中得过省级一等奖,在区里、市里的读后感征文

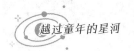

赛中屡获佳绩,也发表过很多篇作文……这次暑假结束后,我又信心满满地交出自以为很优秀的读后感。几天后,老师批好发下来,我傻眼了:方格纸上全是红笔的痕迹,没有我想象中点赞的五角星和波浪线,只有数不清的删减标记、修改符号以及触目惊心的大大的"重写"。老师的点评是,我的读后感里全是议论,没有对书中内容的简介,没有对主题的清晰解读,没有事例的加持。

于是,我在第二稿中增加了事例,老师说,事例和题目不太吻合,议论篇幅还是太多。不过关! 接下来,第三稿、第四稿、第五稿……我的耐心随着笔墨一点一点地用完了,我想过放弃,在背地里抱怨老师要求太高。记不清是第几稿了,我写到那句关于"麂皮靴"的格言时,忽然冒出这样一个念头:如果我穿上老师的"麂皮靴",会发生什么呢?

我试着拿起红笔"挑刺"地自批上一稿,的确漏洞百出,我自己做的修改都把老师的标记淹没了。我想起老师在作文课上说的话:"好的作文是改出来的。"于是,我坚持了下去,最终交出了一份我和老师都满意的答卷。

回想起暑假里大火的电影《长安三万里》,影片中的李白一生怀才不遇,但他在与友人互穿"麂皮靴"的共情下,忘却了凡尘,一直都是那个挥斥方遒的少年。此时,合上《走过两个月亮》,交出作文稿的我,不禁高声吟出那句:"两岸猿声啼不住,轻舟已过——万——重——山!"

## 点石成金

　　小作者从自己的生活经历和情感出发,对这本书进行了深入的分析和评价。小作者将书中的情感和主题与自己的生活经历相结合,让读者能够更好地理解书中的内容和意义——在迷茫的时候,可以"尝试穿上别人的'麂皮靴',心中的那片天地也会因理解而纷嚣散去、豁然开朗。"

# 用青藏科学精神破解"藏地密码"
## ——读《探秘无人区》有感

学校:上海外国语大学秀洲外国语学校　作者:陈昀熙　指导老师:王秋芸

到了今天,随着第二次青藏高原综合科学考察研究的启动,我国科学家们对青藏高原无人区的探索也将越来越深入。那片无人之境已被勇敢的前人踩出了脚印,只待后来者将这脚印踩下更深的印迹。

——题记

你是否和我一样,每当在电视上或是各类书籍中看到那高耸巍峨的青藏高原时,心中便会充满无限感慨。今年暑假,我如往年一样遨游在书海之中,《探秘无人区》这本书给我带来了莫大的感动和震撼,令我备受鼓舞。

无人区,对人类而言是禁区。无人区不适合人类居住是有缘由的,这片荒凉之地多盐湖,水源缺乏,气候变幻莫测,土地贫瘠荒芜。但在这样的无人区,也有着生命的奇迹。无人区特有的动植物在这里顽强地生长着。无人区还藏着多少不为人知的奥秘呢?

近百年来,一批又一批的科学家挺进青藏高原无人区,《探秘无人区》这本书就讲述了青藏科考队深入羌塘高原、阿里高原、可可西里等无人之境进行科学考察的故事。在无人区,科学家们直面狂风暴雨、干渴饥寒以及险恶环境对交通的阻碍,用科学精神去破解"藏地密码",正是因为他们的付出,一个个神秘世界才能展现在我们面前。

　　我细细翻阅着这本书，仿佛跟着科考队员们走进了那片神秘而又美丽的藏区，见识了温顺的藏羚羊、脾气暴躁的野牦牛和赛跑的能手藏野驴，还有盘羊、棕熊以及无数珍禽异鸟，它们和谐地在广袤的环境中蓬勃生长。一幕幕妙趣横生的景象，加深了我对青藏高原的向往。而当我读到科学家们在路途中遇到的各种艰难险阻时，比如缺粮断炊、交通事故、生病受伤等等，我的心情也会随之紧张起来。许多科学家一干就是几十年，从青丝到白发，在高寒低氧的山间日夜坚守。但"老青藏"们的满腔热情没有消退，总想挖掘出更多的奥秘，研究和解答更多的问题。科学家冯祚建从二十多岁就开始参与青藏科考，经过三十多年的不懈努力，他跑遍了青藏高原的每个方位，发现的动物多达上百种。植物学家郭柯大学毕业后就加入了青藏科考队自然地理组，先后三十多次深入高原腹地和周边山区，从事着青藏高原植被的研究和自然保护工作，成果众多。

　　这群勇敢的人啊，他们用青春、用健康，甚至用生命投身于一项关乎全人类未来的伟大事业。读完他们的故事，我不禁陷入了思考：科学家们为何有如此大的勇气？或许他们中也有许多人不顾家人的反对，毅然背上行囊，来到这片土地。我被他们的精神感动了，我感动于他们迈出了许多人不敢迈出的第一步，感动于他们甘愿献出自己的时间、精力甚至生命。

　　我又想到了此刻的自己，顿感羞愧不已。这一刻，我意识到自己时常抱怨的学习上的辛苦，与这些科学家所遇到的艰难险阻相比，是多么不值一提。当我遇到不会的习题时，总会很轻易地放弃，从来不肯给自己多留一点思考的时间；当我开始学习一项新的技能时，也总是三分钟热度，还没有完全掌握要领呢，就开始盲目自大，找各种理由去逃避练习；每当新学期伊始时，我总会很积极地规划本学期的学习内容，但也仅仅停留在规划阶段，从未坚定地执行。

　　这本书就像是我的指明灯，瞬间让我明白了作为学生努力学习的重要性，领悟了坚持不懈的意义。正是因为有那么一批无私奉献的科学家，数十年如一日地默默付出，我们国家的科研之路才能迅猛发展。我也明白了,现在的奋发图强不仅是为自己打拼一个灿烂美好的未来,更是为我们伟大的祖国增添一份蓬勃的希望。

# 点石成金

　　这篇文章的语言确实非常亲切自然,富有感染力。小作者通过自己的生活经历和感受,将读后感写得真实而生动。这种融入个人生活体验的写作方式能够让读者产生共鸣,感受到作者的情感和态度。本文的小作者对原著的理解和感悟十分深刻,小作者对科学家们年复一年枯燥的探索工作进行了具体细致的描写,饱含了对科学家们坚韧品格的敬佩,也表达了小作者对他们无私精神的称赞。

# "不近人情"的母爱

## ——《狼王梦》读后感

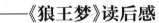

学校:平湖市实验小学　作者:李泽译　指导老师:周娟

"火红的夕阳下,那只金色的翅膀直直地僵硬地伸向天空,犹如一块金色的墓碑。这是老母狼紫岚的墓碑!"静静地合上书,《狼王梦》那悲壮的结局依然萦绕在我心间,使我久久不能释怀。

这本书讲述了一只叫紫岚的母狼为了完成丈夫的遗愿,坚韧不拔地训导自己的孩子成为强者,希望孩子有朝一日能登上狼王宝座的故事。

遗憾的是,紫岚的努力最终还是以失败告终。它的孩子中有三只公狼,一只被恶雕叼走,一只被捕兽夹夹断了脊骨,一只在竞争头狼的战斗中被打败,活生生被同伴吃掉。在培养孩子们的过程中,它也因为孩子们的不理解而受到伤害,成了一只残疾狼,还被怀孕的女儿赶出家门。最后,为了子孙们的安全,她与恶雕同归于尽。

故事中,紫岚为了自己的孩子能出"狼"头地,不惜一切代价训练小狼们。在孩子们面前,紫岚曾扮演着凶狠、冷酷、不近人情的角色。可是紫岚真的是只"不近人情"的狼吗?想到这里,我陷入了沉思之中。

不!紫岚是为了让孩子们在严酷的自然环境下生存下来,为了让孩子们出类拔萃,有朝一日能完成丈夫黑桑的遗愿——登上狼王宝座。这种"不近人情"的背后,是紫岚浓浓的母爱,更是紫岚呕心沥血、望子成龙、望女成凤的期待。

书中有这么一段看似残忍实则悲痛的场景:蓝魂儿不慎被捕兽笼给

夹住了,它呜呜地低叫着,用求助的目光注视着紫岚。紫岚着急地望着蓝魂儿一脸痛苦的表情,她狠下心来,一口咬破蓝魂儿的喉咙,热腾腾的血溅在她的脸上。没有一个母亲不疼爱自己孩子,与其让孩子在痛苦中挣扎,等待猎狗的撕咬,不如让他安然地死去。"打在儿身,疼在娘心",读到如此悲惨而"不近人情"的母爱,我不禁潸然泪下。

在生活中,这样"不近人情"的爱比比皆是。

"你看看你,又错了这么多题,哪一题老师没讲过? 快去做作业!"

"哼,知道了!"

"砰"的一声巨响,我冲进了书房,重重地甩上了房门。

三年级以后,妈妈就像变了个人似的,只要我学习成绩不理想,她就会板着脸,厉声地训斥我。面对妈妈的批评,我总是觉得很委屈,明明自己每次都是拼尽全力,为什么妈妈还是生气。

多少次,我总是把自己关在书房里,蹲在墙角默默地想:其他同学的妈妈都能看到孩子的进步,可我的妈妈只注重成绩,从来不在乎我付出了多少努力。为此,我也和她哭过,闹过,抱怨过。儿时的"天使"妈妈已然变成了"魔鬼",成绩的好坏就是她心情的"晴雨表"。

"阿泽同学的基础很扎实,大家要向他学习!"

我自豪地挺起了胸,脸上洋溢着灿烂的笑容。这是我连续三次全班第一。

"又是你,小伙子真棒! 不要骄傲哦!"

我双手接过证书,捧在胸前,火红的证书映红了我的脸颊。这是校长连续三周在司令台上给我颁奖。征文比赛一等奖、科技竞赛金奖、十佳小主持人……

一次次的成功,一次次的荣誉,让我在学校的知名度陡然上升,也收获了"学霸"的称号。

当我翻开一张张奖状时,会想起每张奖状背后都有妈妈的训斥声,翻着翻着,我的眼睛湿润了,泪水不由自主地滴了下来。我仿佛一下子读懂了这份"不近人情"的母爱。

当然,爸爸大声呵斥我的场景也历历在目;讲台上老师严厉的话语还回荡在我心田……这些"不近人情"的爱让生活变得丰富多彩。

爱,可以和蔼可亲,似水温柔;可以深沉稳重,伟岸如山;也可以看似不近人情,如苦茶回甘。让我们用心去理解,去感受那些"不近人情"的爱吧,从而懂得感恩,学会回报。

点石成金

　　小作者将自己的感受和经历与书中的情感和主题紧密结合,让读者能够更好地理解书中的内容和意义。小作者通过自己的亲身经历,正面印证了母爱的"不近人情",让读者对母爱有了更深刻的理解。同时,小作者也从中读到了珍贵的思想——爱或许看似不近人情,如苦茶回甘。这种观点会给读者非常深刻的印象和启示,让人们重新审视爱的本质和价值。

# 穿越千年的对话

## ——读《影响世界的100位名人成才故事》有感

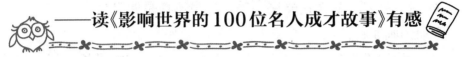

学校:嘉善县吴镇教育集团吴镇小学　作者:徐梓烨　指导老师:甘莉静

走向光环和荣耀的路很长很长,要经受众多意想不到的挫折和坎坷,要付出许多努力和汗水。

——题记

穿过千年的历史长河,拨开浓重的硝烟,我轻轻地打开了历史长卷,拂过尘土,我看到了那个源远流长的文明古国。我们的祖先创造了光辉灿烂的华夏文明,抒写了威武雄壮的战争史诗,也掀起过惊天地、泣鬼神的历史大潮,他们用自己的力量在历史上留下了一串串不可磨灭的印记。

我欣喜地打开这本书——《影响世界的100位名人成才故事》,跟随它的脚步,走进那个风起云涌的时代,感受着充满激情的岁月。

我的眼前浮现出一个个满腔热血的灵魂和英勇卓绝的身姿。我看到了一位伟大的政治领袖——统一六国的秦始皇。

我胆怯地问道:"有人说你施行暴政,你真是一个暴君吗?"

他狂笑出声:"小娃娃,孤十二岁参与立储考校脱颖而出,二十二岁平定嫪毐之乱加冠亲政,三十九岁结束了春秋战国时期征战纷乱的局面,实现了一统天下的宏愿。孤筹划的都是千年大计,世人可以评说孤,但你放眼看看,有没有哪个封建君主能超越孤?"

　　我赶紧往后翻阅历史：缔造西汉盛世的汉武帝、开创"贞观之治"的李世民、"一代天骄"成吉思汗、"布衣皇帝"朱元璋……确实，在这两千多年间出现了许多君王，他们当中，有许多都功勋卓著，但比起载入史册的第一位皇帝秦始皇，好像还略逊一筹。始皇不愧是始皇！

　　眼前的画面在流动……

　　率性的项羽骁勇无敌，成就了一代霸业；在苦难中成长的天才将领卫青七退匈奴，为西汉扫除边患；尽忠报国的岳飞气吞山河，捍卫了南宋的半壁江山；伟大的民族英雄郑成功智攻台湾，收复宝岛……他们或征伐叛逆，或扩疆拓土，或开辟朝代，凭借着出类拔萃的智慧和过人的胆识，创造了一个个战争传奇，推进了历史进程。

　　渐渐地，身边的一切都化为虚影，直到我看到了他，一个个脚印，坚定而清晰。我崇拜地望着他，惊讶地喊出了声："您……您是……一举推翻清王朝的国民之父，孙中山先生！"孙先生摸了摸我的头，说道："小朋友，结束在中国绵延两千多年的封建帝制可不是一件容易的事啊，我的一生都在为革命事业奋斗……"

　　"一生都在为革命事业而奋斗……"我不停地呢喃着，眼前赫然出现了许多了不起的人物：康有为、梁启超维新变法，不畏艰险，探寻救国救民的真理；学界泰斗蔡元培改变了中国落后的教育面貌；鲁迅先生以深邃的思想、犀利的笔锋，唤醒了中国人的灵魂；伟大的女性宋庆龄，为中国少年儿童的茁壮成长做出了巨大贡献……

　　看着这幅"长卷"，读着这些名人的成才故事，我深深地被他们的雄韬伟略、勇气智谋和深邃思想所震撼。他们的辉煌人生也是在风雨坎坷中曲折前行的。少年要为中华之崛起而奋斗！如今这繁华盛世，便是我们一生的信仰！历史不会回头，但伟大的精神却能传承万年！

## 点石成金

　　这篇文章确实构思巧妙,通过穿越千年的对话的形式,让读者能够直接与名人们交流,这种创意不仅吸引了读者的注意力,还能让读者直观地感受到名人的雄韬伟略和勇气智谋。小作者通过讲述名人的事迹,进一步强调了成功需要脚踏实地奋斗和拼搏,这种寓意深刻的构思让整篇文章具有很强的说服力。同时,文章的语言也十分流畅,表达准确。

# 向不平凡之心致敬
## ——读《邓稼先:腾空而起的磨菇云》有感

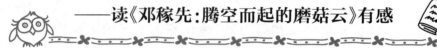

学校:嘉善县吴镇教育集团泗洲小学　作者:吴睿哲　指导老师:鲁苑波

　　暑期里我看了一套关于中国科学家的榜样故事的书,一本书讲述一位科学先驱,这些科学巨人爱国、创新、奉献的精神让人感动,他们从事着不同的行业,但却拥有着同样的赤子之心。其中《邓稼先:腾空而起的磨菇云》一书写的就是"两弹一星元勋"邓稼先先生的生平事迹。从头读到尾,邓稼先先生那颗为科学献身的不平凡之心让我肃然起敬,我被他深深地感动着,震撼着……

　　那颗不平凡之心,是一颗炽热的拳拳爱国之心。"天下兴亡,匹夫有责",这颗爱国之心使邓稼先先生在美国学有所成之时,毅然放弃了优越的工作条件和优厚的工作待遇,回到当时那个动荡的、一穷二白的祖国。因为他深知落后就要挨打的道理。因为落后,无数中华儿女饱受欺辱;因为落后,中国的大好河山被帝国主义肆意践踏;因为落后,整个中华民族在痛苦的深渊中苦苦挣扎。邓稼先先生说:"我不爱武器,我爱和平;但为了和平,我们需要武器。"这句话使我记忆犹新,只有祖国强大了,才能赢得真正的尊重,"武器"不是为了战争,而是为了避免战争。"武器"是铠甲,正因为有了它们,我们才能发出"犯我中华者,虽远必诛"的豪情壮语。因为强大,所以安心!

　　那颗不平凡之心,是对科研的热爱之心。扎根荒漠几十年,多少个日日夜夜,多少次跌跌撞撞,多少回失败,又是多少次坚持,才能取得最后的成功？但是邓稼先先生却甘之如饴，因为他知道，耐得住寂寞才能守得住繁华。最终，他带领着团队让"蘑菇云"在中国傲然升起，他怀揣着最初的梦想，固守着这份对科学、对和平始终如一的热爱，终于创造了奇迹，为新中国的和平写下了浓墨重彩的一笔！

那颗不平凡之心，是无私的奉献之心，是不可多得的淡泊名利之心。"采得百花成蜜后，为谁辛苦为谁甜"，邓稼先先生一不为名，二不为利，因为工作的特殊性，他们团队成员之间都不知道彼此的姓名和来历，只能以代号称呼，甚至连家人朋友都不知道他们在从事着怎样伟大而危险的工作。"丈夫贵兼济，岂独善一身"，先生默默无闻、不求回报地奉献着自己的一切，"鞠躬尽瘁，死而后已""干惊天动地事，做隐姓埋名人"就是他的真实写照！

这样一颗不平凡的心，值得我们所有人敬重，为着这份坚持，为着这份热爱，更为着这份无私。从古至今，有多少人在名利场中逐渐迷失了自我，相比之下，邓稼先先生的这颗"初心"更难能可贵，他不计功名利禄，不计个人得失，潜心研究，只为取得最后的成功。在我国核武器研制与发展的科学之路上，他是奠基者，更是引路人！

读完全书，我最想做的事就是向邓稼先先生敬个礼，鞠个躬——为着这颗不平凡的心。而我们也得努力学习，为这颗不平凡之心注入更多新鲜血液，让它跳动得更加强健有力。祖国是我们的坚强后盾，而我们也要化作祖国坚硬的铠甲，尽己所能，护她周全！

向这一路上所有的不平凡之心致敬！

## 点石成金

　　文字流畅,结构严谨,小作者对邓稼先的赞美之情溢于言表,充分表达了对邓先生的崇敬与赞美之情。文章不仅仅是对邓稼先的赞美,更是对为祖国做出贡献的所有科学家的赞美,具有很高的思想境界。本文也具有很强的现实意义,不仅让读者对邓稼先有了更深刻的认识,还激发了他们的爱国热情和责任感,鼓励他们为祖国的繁荣发展贡献自己的力量。

# 逆境中的光芒
## ——读《八十天环游地球》有感

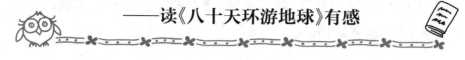

学校:海盐县西塘桥小学　作者:汤振豪　指导老师:步余洁

《八十天环游地球》是我近期最爱不释手的一本小说。

最初吸引我的是它的书名。八十天就能周游整个地球?这不是天方夜谭吗?翻开书细细阅读,我深深折服于菲利亚·福格先生的人格魅力。这个勇敢的人,真的环游了地球,真是一个了不起的奇迹。

### 风雨载途,勇者不惧

莎士比亚说过:"勇气是在磨炼中成长的。"这句话我认为用在福格先生身上极为贴切。这场旅程并不是一帆风顺的,一路上他经历了各种磨难:刚启程就被误认为是贼;因为火车道没有修完,他得步行很远去找最近的火车站;列车被打劫,行程耽搁了二十个小时;在海上遭遇风暴,他差点丧命……在各种困难面前,福格先生没有丝毫退缩,与大家的手足无措形成了鲜明对比。勇往直前是他一贯的做事的风格。

敬佩之余,我的脑海中也浮现出了北京冬奥会上徐梦桃的身影。

这位三十一岁的老将在此之前已经获得世界杯奖牌五十七枚,她一直有个梦想,那就是要在奥运会上夺冠,为国争光。要实现这个愿望相当艰难,因为她的身体情况不容乐观:双膝前交叉韧带撕裂,经历了好几

次大手术……她和福格先生一样,在追逐梦想、实现目标的过程中,困难重重。可她是个绝对勇敢的姑娘。她带着钢钉和伤痛上场,凭借完美的表现,为中国自由式滑雪空中技巧女队夺得首枚冬奥会金牌,也奏响了自己职业生涯的"最强音"。艰难之路,唯勇者行。福格先生做到了,徐梦桃做到了,我也要做到。

## 兵来将挡,水来土掩

在这场充满冒险的旅程中,福格先生虽然走得艰难,但聪明的他总有办法打败一只只"拦路虎"。"兵来将挡,水来土掩"便是他对待困难的态度:当火车在荒郊野外停下来时,他还有八万多米的路程要走。就在众人一筹莫展之时,福格先生和他的仆人已经花了高价租了大象,准备穿越热带雨林。此外,为了争夺时间,他愿意交两千英镑的保释金;遇到即将被烧死的艾娥达,他和仆人路路通设计实施劫人计划……可以说,福格先生是睿智的,任何困难在他面前都像弹簧一样,一次次被压下去。

这也让我想起河南郑州"7·20"特大暴雨灾害中参加救援的那位铲车师傅刘松峰。湍急的水流中,一辆大巴车被水冲得摇摇晃晃,车里的人在大声呼救。刘松峰想游过去救人,无奈水势太大只能放弃,大家又找绳子扔过去,但水太急了,绳子到不了对岸。正当众人一筹莫展之际,他想到了铲车。铲车犹如一辆坦克,刘松峰开着铲车穿过激流,然后让被困者一个个跳进举起的前斗里,就这样往返四次,开了半个小时左右,终于把被困者全部送到安全地带。有困难不可怕,静下心来,找方法去克服,才是应对之道。

# 心怀乐观，向阳而行

"旅途中总会发生意外的，没关系，我还有两天富余的时间可以补偿。"

"别着急，以不变应万变。"

读着这样的话语，我不禁佩服福格先生的乐观心态。每次遇到问题，他的仆人路路通总是怒气冲冲，但福格先生这个本应该最着急的人，却总是岿然不动。乐观是一味良药，更能让读者感受到旅途的乐趣。与福格先生相比，我实在是惭愧不已。

在学校运动会上的接力赛项目中，我们班一直实力强劲，年年都是第一。今年我们的运动员也都是一副胜券在握的样子。女生组先比赛，但意外却突然降临——掉棒了！而且掉了两次！这对我们来说，是一个措手不及的打击。果然，女生组成了最后一名。我的内心慌乱无比，担心男生组也重蹈覆辙，甚至悲观地做好了掉棒的心理准备。我是男生组第一棒，不知道为什么，我达不到往日练习时的速度，内心的焦虑就像一张网，牢牢地束缚住了我的脚步。导致男生组在第一棒时就落后了，尽管后面几棒同学们奋起直追，但我们还是只获得了第二名。现在想来，要是当时我能拥有福格先生那种乐观的心态，能像他一样"泰山崩于前而色不变"，也许我们就不会与冠军失之交臂了。

与福格先生相遇，我看到了身处逆境时人类身上的光芒。

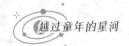
## 点石成金

　　小作者的视野宽广、认识深刻,他在文章中不仅探讨了图书主题的表面含义,还深入挖掘了其内在含义。文章在构思方面也颇具匠心。小作者以"逆境中的光芒"为主题,通过举例、引用、分析等多种手法,层层深入地展开论述。文章结构严谨,逻辑清晰,使读者能够更好地理解并接受小作者的观点。最后,他在结尾点出了"人在逆境中也要奋发图强"的观点,这是一种积极向上的人生态度,也是小作者对读者的鼓励和启示。

# 绽放的勇气：绿山墙下的安妮

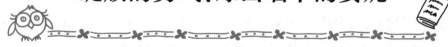

学校：平湖市东湖小学　作者：李艺乐　指导老师：麻露云

在那段青葱岁月里，绿山墙上绘就了一段安妮的传奇。她是一位乐天知命的少女，以一颗坚韧的心，使我认识到了人们要勇于面对困难，更不能放弃梦想。

书里的安妮如同一朵经受过风雨洗礼的蔷薇，孤苦无依，却散发着醉人芬芳。玛丽拉，一个渴望拥有儿子的女主人，对安妮始终有一种疏离之情。然而，在一串串纯真的笑声中，玛丽拉终于被安妮打动了。

就如同太阳，总会在黑暗过后露出曙光。最后，绿山墙成了安妮的避风港，她的灵魂也在那里找到了栖息之所。昔日的宿敌如今成了她最亲密的伙伴。因为安妮坚信，无论前路多艰难，梦想总会是她坚定不移的引路明灯——它是她心中那片绿山墙的永久守护者。

翻着书页，我在文字的海洋中找到了自我。我勇敢地迈出了第一步去迎接新的挑战。那次我决定学习画画，起初总是碰到困难，我几度泄气，但我记得安妮的坚持，终于像她一样战胜了困难，画出了自己心中想要的图画。

那是一个阳光明媚的周末的午后，我走进了美术教室，心里充满了期待和不安。我手里拿着画笔，仿佛握住了一段未知的旅程。风轻轻吹动着窗帘，似乎也在期待着我的第一笔。

教室里弥漫着颜料的气味，画架上摆放着一幅空白的画布。我坐下

来,用画笔轻触画布,画线条,涂颜色,但我总觉得笔下的画布和想象中的完美画面有着难以逾越的距离。我不停地涂改,却总是不满意。

无意间,我瞥见教室的镜子映照出我焦虑的模样。我看着镜中的自己,眼中满是困惑和无奈。就在此时,一位戴着宽边眼镜的老师走了过来,她面容和蔼,目光中透露着鼓励。她轻声对我说:"孩子,画画需要耐心和反复练习,别灰心,勇敢面对,你会画得越来越好的。"

她的话如同一缕温暖的风,吹散了我心头的阴霾。我再次拿起画笔,用心地去描绘,渐渐地,画面开始呈现出生动的轮廓和丰富的色彩。我的心情也渐渐明亮起来,我不再害怕错误,因为我知道,每一次尝试都是成长的印记。

在老师的悉心指导下,我逐渐掌握了画画的技巧,完成了一幅令自己满意的作品。那一刻,仿佛听到了安妮的笑声,看到了她眼中充满着鼓励和喜悦。这幅画成了我与艺术对话的窗口,也成了我生活中的一部分。

从此,我明白了,困难只是人生中的一道道坎儿,只要鼓起勇气面对,总会迎来阳光明媚的一天。愿每一个如安妮一般的少女,都能在生活的画布上绘制出自己的梦想,用坚持和勇气书写属于自己精彩的篇章。

人生没有过不去的坎儿,大胆往前走,就一定能穿过风雨,找到光明。愿你我都能唤醒心中的小安妮,勇敢而热烈地投身于千变万化的生活中。让我们扬帆起航,谨慎地把握好生活的小船,向着梦想一路前行吧!

# 点石成金

　　这篇《绽放的勇气:绿山墙下的安妮》以安妮的故事为引导,揭示了坚持和勇气的重要性。小作者用细腻的笔触塑造了安妮乐观、不屈的形象,通过自身学画的经历将小说中的故事生动地融入实际生活,这种真实的反思使文章更富深度和感染力。绿山墙下的安妮是小作者心中的英雄,启迪小作者无论遇到多大的困难,都要有勇气去面对,要有实现自己的梦想的决心。文章同时也提醒我们,每个人的内心都有一个安妮,用自己的坚持和勇气去创造属于自己的生活吧。

# 绽放的生命

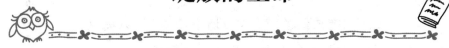

学校:上海尚阳外国语学校桐乡实验学校　作者:杨韵琳　指导老师:夏爱香

生命对人类来说只有一次,如果茫然地度过,无异于浪费生命。但有一只猫,活了千百次,最后它在爱与被爱中感受到了生命的精彩,最终安然地死去。

《活过一百万次的猫》只有薄薄几页,主人公是一只被很多人收养、生活衣食无忧的猫。尽管如此,它依然不快乐。它不喜欢它的主人们,不喜欢一成不变的日子,但它又不知道什么才是真正的快乐。直到最后,它成了一只野猫,遇见了自己生命中的那只白猫,它们成了家,有了一对可爱的儿女,它才真正感受到了生命的意义。

读着读着,我不禁想到了臧克家评价鲁迅的那句名言:有的人活着,他已经死了;有的人死了,他还活着。在人类的历史进程中,会出现各种各样的人。比如当下社会中出现了"啃老一族",他们或眼高手低,对就业百般挑剔;或吃不了工作的苦,对自己放任自流;或娇气成性,长期摆烂。"依人者危,臣人者辱","啃老一族"坦荡地享受父母的给予,他们的生活哪有尊严,哪有未来?

我又想到了汤锡强叔叔,他出生在桐乡市石门镇周墅塘村。他不吸烟、不喝酒、不熬夜,坚持锻炼身体,因为他每月要无偿献血两次。在坚持无偿献血的二十多年间,汤锡强共计献身14万多毫升,相当于30个成年人的血量。从2013年开始,他还资助了十几名优秀贫困大学生。热血激荡、大爱无声,他的爱心壮举感染着身边的人。在他的影响下,越来越多的人加入无偿献血的队伍中,并和他一起资助贫困学生六十余名。

从2006年起,汤锡强八次荣获全国无偿献血奉献奖金奖,荣膺全国无偿献血奉献奖终身荣誉奖。2020年,汤锡强还被评为"桐乡市劳动模范"。

如今,桐乡涌现出一位又一位可敬可亲可爱的人:徒手接坠楼女童的"浙江好人"——沈东、陆晓婷;甘心服务于乡村医疗事业的名医——许金良、许道行父子;跳进冰冷刺骨的河水中解救落水老人的辅警——潘俊伟;不顾自身安危,第一时间冲上去救火的"嘉兴好人"——程腾峰……他们一个个都来自不同行业,拥有不同的身份,但他们都有一颗澎湃着热血的心。他们无私高尚,他们感人至深,他们是"明星",他们更是"英雄"!

我喜欢"汤锡强"们,喜欢他们向美而生的风雅,喜欢他们那种根植于心的善良与温暖,他们用短暂的生命绽放着精彩的华章。

我年龄尚小,但我立志不虚度光阴,珍惜生命中的每一天,让自己的生命和他们一样绽放光彩。

## 点石成金

这篇读后感充满感情和哲理,展示了小作者朴实而豪迈的情怀。从"活过一百万次"的猫的成长历程,到现实生活中的励志人物,如汤锡强、沈东等,小作者深刻地思考了生命的价值和意义。文章通篇以真人真事为依据,援引了丰富而具体的事例,使论点更加充分且立体。在表达观点时,作者采用了讲故事的方式突出主题,直接而扣人心弦。此外,作者以委婉的措辞展现了自己对英雄的崇敬与向往,同时也彰显了自身的决心和志向。

# 如果有爱

## ——读《流浪狗奥利奥：毛围脖的秘密》有感

学校：嘉兴市秀洲实验小学　作者：何宇轩　指导老师：唐玲芬

在这缤纷复杂的世界里，爱是什么？爱究竟有多大的力量？翻开《流浪狗奥利奥：毛围脖的秘密》一书，我找到了答案：如果有爱，生活将如繁花。

本书是"流浪狗奥利奥"系列动物小说中的一本，这套小说以流浪狗奥利奥的视角看遍人间百态，它在流浪途中不断与新主人相遇、相伴，最后分离。而这本《流浪狗奥利奥：毛围脖的秘密》更是充满着温情。单亲女孩飞飞的妈妈患有抑郁症，母女二人关系紧张，飞飞收养了奥利奥，故意让妈妈照顾奥利奥，于是两人一狗之间发生了很多神奇的故事。故事的结尾很美好，奥利奥治愈了飞飞妈妈的抑郁症。

读完这本书，我对"爱"有了更深的理解，明白了这个字背后的深意。因为爱，飞飞才想方设法帮助妈妈治疗抑郁症；因为爱，飞飞才收留了孤独且脏兮兮的奥利奥；因为爱，奥利奥才不顾自身安危拯救了主人；因为爱，飞飞妈妈的抑郁症得到了缓解，童年的遗憾得到了弥补。正是爱的力量，解开了毛围脖的秘密，让书中的他们共赴了一场生命与生命相遇的心灵之约。

那么，如果没有爱，人间会怎样呢？如果没有爱，我们将无法领略梁山伯和祝英台蝶舞翩跹的爱情故事。如果没有爱，我们将无法体会孟郊《游子吟》里的"三春晖"。如果没有爱，我们将无法感叹俞伯牙与钟子期那段高山流水、千古传颂的伟大友谊。如果没有爱，人间也就没有如松柏般坚定的友情。当我们孤单时，不会收到来自朋友的温馨问候；当我们成功时，不会收到来自朋友的真诚祝福；当我们失败时，不会收到来自朋友的温暖安慰……

我们的人生之路总有爱的陪伴。家里、学校、社会上，总有人在奏响一曲曲爱之歌。白衣天使不惧艰险、勇往直前是爱，一线教师认真批改作业、谆谆教导学生是爱，消防战士走向火场、勇敢无畏是爱，志愿者大汗淋漓、不辞辛苦是爱……爱就像空气，总因其无影无形常常被我们忽略，可我们的生活不能缺少它，它的意义已经融入人类的生命中，能使弱小的人有勇气走向成功。据说，爱迪生小时候，学校认为他精神有缺陷，勒令他退学。他妈妈边看退学通知书边流泪，却这样大声读给孩子听："你的孩子是天才，这个学校对他来说太小了，没有好老师可以训练他，请你自己教导他。"试想，如果没有这样伟大的母亲，世界上怎会有这样伟大的发明家呢？可以这样说，是母爱成就了爱迪生。

回想我的童年，我也是被爱的蚕丝包裹着成长的。上幼儿园的时候，我说话总是磕磕巴巴的，妈妈见状就给我报名了小主持人朗诵班。朗诵班的作业很难，时常要背稿子，练口语，我的舌头都发麻了，嘴巴都酸了，很多次我都想放弃。但是妈妈一直鼓励我，并陪伴我做好每一项作业。七年之后，我获得了全国青少儿播音主持专业等级证书。这本红红的证书凝结着我的汗水，更见证着浓浓的母爱！

《流浪狗奥利奥：毛围脖的秘密》一书诠释了爱的力量。爱是神奇的，是阴雨里的一缕阳光，重新照亮人生的路；爱是心灵干涸时的一滴雨露，让我们心中的幼苗茁壮成长。因为有爱，我们的生命才能熠熠生辉。如果我们都付出一点爱，生活将繁花似锦！

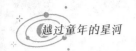

## 点石成金

　　本篇读后感的动人之处在于小作者以真挚的感情和高超的语言艺术对沈石溪的小说《流浪狗奥利奥：毛围脖的秘密》进行了深入人心的解读。从古往今来的人们对爱的多元化诠释，写到现实生活中平凡又励志的人群均离不开爱的浸润，小作者深刻地思考了爱的定义，又援引了自身童年的经历，诉说着母爱的力量。每个人的成长都离不开爱的包裹，这正是这本书带给小作者的深刻感悟。真情不时在文中流露，作者和读者也在无形中达到了"共情"。

# 小巨人拿破仑

## ——读《希利尔讲世界史》有感

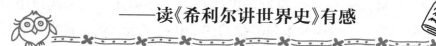

学校:平湖市实验小学　作者:张思宇　指导老师:李红芳

正在倒水的古埃及人、小爱神丘比特、古老的工具……我被这神奇的封面吸引了,情不自禁地拿起书想要一探究竟。翻开书,首先映入眼帘的是一张绘有人类历史进程的图片,图中提到了石器时代、罗马的成立、第一次世界大战、第二次世界大战……我仿佛站在时代的接口处,俯瞰过去的岁月。

这本书就是——《希利尔讲世界史》。暑假里,我认真地读完了这本书,觉得受益匪浅。作者希利尔从孩子的视角,用通俗易懂的语言,生动地讲述了世界历史的发展过程。

历史是广阔而多样的。从古埃及到罗马帝国,再到世界大战的爆发,每个时代都有其特定的背景、文化,它们相互交织,构成了世界历史的多彩图景。读了这本书,我不仅了解了各个历史时期的重要事件和人物,领悟到了历史对我们的启示和教训,更深深感受到了人类文明的博大精深,懂得了我们应该珍惜当下的和平和繁荣。

书中《小巨人拿破仑》这一章使我记忆犹新,它讲述了拿破仑的一生。拿破仑二十多岁时就展现出他惊人的政治天赋。然而,在征服埃及后,他犯下了许多罪行,令我感到十分震惊和愤怒。拿破仑回国后成为皇帝,并几乎征服了大半个欧洲。然而,他的战争野心导致了无数人员伤亡。他在面临危险时曾丢下军队逃走,让战士们自生自灭。看到这

里,我气得跳了起来,一下把书丢在书桌上。这时的我对他心灰意冷,我甚至都不愿意往下读,内心充满了对他的失望和愤怒,我恨透了拿破仑,他践踏了士兵们对他的信任。

后来,他被流放到一个叫厄尔巴的小岛。在那儿他又一次重整旗鼓,誓死夺回王位。他这种不屈不挠的样子让我又爱又恨。这也许就是他原本的样子吧!读到这儿,我却有些怅然若失,心中空落落的,仿佛失去了一位大英雄。

拿破仑的一生既令人赞叹,又让人厌恶。令人赞叹的是,他立下了那么多丰功伟绩,征服了那么多国家,甚至当上了皇帝!令人厌恶的是,为了野心,他挑起了无数场战争,杀害那么多人。

读着拿破仑的故事,感受着他跌宕起伏的一生,我不由得想到自己。暑假伊始,我信誓旦旦地要利用假期时间弯道超车,计划好好看书、多做练习,特别是自己比较薄弱的学科要好好巩固,我还制订了详细的暑期学习计划表,打算做一个自律女孩。一开始,我还能根据学习计划表,严格地安排每天的娱乐和休息时间。慢慢地,我看着妹妹每天玩玩具、看电视,看着身边的同学出去玩、看电影,心想:暑假不就是用来放松的吗?别人都过得那么轻松,我为什么要为难自己,把自己弄得那么累呢?反正暑假时间长,我先玩一玩,过段时间再开始学习也不迟。

于是,我不再按照计划表看书、学习,每天懒懒散散,连暑假作业都要在妈妈的再三催促下才不情不愿地去做。放纵自我的时间总是过得飞快,一转眼就到了八月,妈妈问我:"作业完成得怎么样了?"我无言以对。老师要求上交的生活作文也没写完,更别说预习新课、自主练习了。妈妈也很替我着急,一天晚上,妈妈坐到我身边,语重心长地说:"你长大了,明年就是六年级毕业班的学生了。你要学会自主地安排自己的假期时间,只有自己会管理自己,才能走得更长远。记住:自律即自由!"妈妈的话一下子点醒了我,我觉得醍醐灌顶,开始反思自己。我决心抓紧暑假最后的时间,去做更多有意义的事情,不像拿破仑那样陷入贪婪和野心的旋涡,成为一个拥有成功的开始,最后却失败的人。我重新拾起自己的暑期学习计划表，给自己定下了规矩，必须严格执行计划表的要求，不虚度假期。八月，在我的自我约束和爸爸妈妈的提醒监督下，我不仅认真完成了暑假作业，还开始了新课的预习。过程是辛苦的，但收获的更多，我不仅学了新的知识，还养成了自律的习惯。

拿破仑是一个好战士，但不一定是一个好人。他的一生令人赞叹也令人厌恶，他的成就令人敬佩，但他为了野心而挑起战争的自私行为让人厌恶。我们的学习不也是这样吗？只要有决心并下苦功夫学习，成功一定会垂青我们；但我们不能只为暂时的成功而努力，如果没有长久坚持的毅力和良好的学习习惯，终有一天，成功会与你擦肩而过。请坚信：时光，永远不会辜负任何一个肯下苦功夫的人。

## 点石成金

  小作者通过读《希利尔讲世界史》一书，深刻地剖析了拿破仑复杂的一生，也展现了作者对拿破仑的矛盾心理。文章立意新颖，从拿破仑成功与失败的两面入手，引发了读者对成功的深刻思考。同时，又将拿破仑的人生经历巧妙地运用到了自己的学习生活中，用自己的亲身经历作为反面教材，让读者对拿破仑有了更为全面的认识。在最后一段对学习的思考上，作者强调了自律的重要性，提醒读者珍惜时光，努力学习，不辜负美好的未来。

# 家以国强而强，以国兴而兴
## ——读《寄往春天的家书》有感

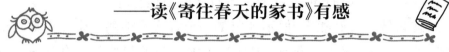

学校:杭州师范大学附属嘉兴经开实验小学　　作者:张冯曈心　　指导老师:费溢舒

"烽火连三月，家书抵万金。"悠长假日里，我翻开了著名儿童文学作家张品成先生的《寄往春天的家书》，走进了八十多年前那段硝烟弥漫的岁月，在悠悠往事里回味激昂的少年热血……

本书以1941年赣西北的"上高会战"为背景，以"家书"为核心，以"小鬼"韩世得的成长和蜕变为主线，描绘了一段硝烟和血色中的中华民族抗日救亡的历史。

韩世得是为部队司令养马的男孩，可他觉得自己是个军人，应该去前线。在他的据理力争之下，他被派往了"前线"。可到了地方，他发现那里其实是战地服务团，团里全是妇女和孩子。在服务团里，韩世得和伙伴们一起学习，照顾伤员，为战士们拍照、写家书，并把家书送往后方。"然儿在前线，此不是异乡，亦我中华神圣山河，儿也不孤不独，有诸多弟兄，同仇敌忾，众志成城，驱除日寇。待重整山河，儿当解甲归田，尽忠尽孝，终日陪伴二老。""父在前线，儿在后方，皆要以抗日为家中大事。国家国家，无国何以有家。国之兴亡，匹夫有责！"一封封孩子写给父亲、父亲写给孩子或者丈夫写给妻子的家书中，满溢着战士们对家人的深切思念，也深刻地展现了战士们以身报国、无惧生死的伟大精神。读到此处，我热泪盈眶。

韩世得和伙伴们在送信途中，遭遇了日本鬼子的轰炸。有两个伙伴牺牲了,战士们的照片和家书散落在烂泥里。韩世得他们边流泪边拼命搜寻每一张纸片。对他们来说,这是价值亿万金的责任,哪怕只有一点点,也绝不能丢弃。那一天,他们流尽了泪,搜罗齐了纸片,也蜕变成真正坚毅勇敢的战士。书中的这个片段深深地打动了我。我仿佛看见了那一张张稚嫩但坚毅的脸庞,仿佛看到了那些瘦小的身影在天地间逐渐变得高大……

此刻,我越发明白"岁月静好,只因有人替我们负重前行"的蕴意。想到自己曾为学业渐重而苦恼,想到自己因天气炎热而成天躲在空调房里,想到自己在游山玩水时还抱怨太辛苦,我不由得心生愧疚。在那个年代,与我年龄相仿的韩世得们已经在抗战的前线上付出鲜血和生命。我暗暗下了决心,今后学习不能嫌累,要用更顽强的意志和更高效的方法来收获更多知识。今后在生活上不能贪图享乐,要用更正确的眼光和更质朴的态度过好每一天。

轻轻地合上书页,我突然明白了它为什么要以《寄往春天的家书》为名。春天,是冰雪消融、万物复苏的季节。这"春天",代表着中国抗日战争的胜利,代表着劳苦民众翘首以待的安宁与美好。一位又一位战士用生命换来了抗战胜利和人民幸福生活的春天。他们的家书,我们收到了!

那年春天的硝烟早已散去,红色中国历经磨难终于崛起,屹立于世界的东方,中华民族在红星照耀下走上复兴之路。这条路仍不是坦途,仍需要一代又一代中国人砥砺前行。我,愿意为国家的强盛一直奋斗!

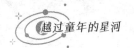

## 点石成金

　　这是一篇豪迈且充满爱国热情的文章,小作者以"烽火连三月,家书抵万金"开篇,将读者一下子带入了那段硝烟弥漫的岁月之中。通过对书中主人公韩世得和伙伴们在送信途中被日本鬼子轰炸的场景的描写以及散落在血泪泥土里的家书的特写镜头,给读者以视觉与心灵上的冲击,让读者感受到了"国与家"的紧密关系,同样也带给小作者深刻的感悟与哲思。本文发人深省,书名中的"春天"意蕴深长,那一封封家书更是时代的印记。

# 时代接力赛:"嘎子"精神生生不息

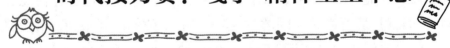

学校:嘉兴市秀洲区塘汇实验学校　作者:郑紫芸　指导老师:姚欣玥

我们要一棒一棒地跑下去,每一代人都要为下一代跑出好成绩。

——题记

灯光璀璨、高楼林立的城市,马路上正在行驶的汽车,喧哗热闹的夜市,这里的一切都在诉说着中国的繁华。可光鲜亮丽的背后,往往会有一段辛酸的往事。

一缕清风拂过,翻开了放在桌上的书,浓郁的墨香在空气中弥漫……"我是中国人,爱我的中国天经地义!"他,就是《小兵张嘎》中热爱祖国、宁死不屈的嘎子!

嘎子最敬爱的老钟叔被"白脖"抓走,奶奶被鬼子杀害,这接踵而至的噩耗,接二连三的不幸,都用血淋淋的事实告诉我,嘎子所处的时代是灰色的!他要时刻保持警惕,因为在他不知道的地方,可能有颗子弹正冲他飞来,在他没防备的时候,可能一场"大扫荡"正在逼近……他随时都可能倒下,不再有醒来的机会……为了替奶奶报仇,为了救出老钟叔,嘎子历尽艰辛,找到了八路军,在八路军叔叔的帮助下,他成长为一名"侦察员",最终救出了老钟叔,也替奶奶报了仇!他用自己的鲜血与信念,为灰色的生活添上一抹亮眼的红色,这是嘎子的选择,这种不惜牺牲自己的精神,是多么令人惊叹啊!

嘎子的做法让我想到了兢兢业业的老师们,我是何等的幸运,遇到这么多无私奉献的"嘎子"。为了能让我们奋发向上,在知识的盛宴里吸收更多营养,他们连夜批改作业,根据我们的错题,重新编题,上课上到声音嘶哑……他们的黑眼圈重了,脸色憔悴了,但却不曾有任何怨言。是啊,我们就是那群尚且年幼的"小嘎子",有了他们的托举,我们才得以成长。所以我们要知恩图报,用自己的行动来报答老师们的良苦用心。

我相信无私奉献的"嘎子"精神永存,不管是现在还是过去。有一年国庆节,因为电影《长津湖》的热映,让所有中国人"燃"了起来。正值凛冬,战士们在零下四十摄氏度左右的严寒中苦战,冰雪冻住了战士们的躯体,但他们依旧岿然不动,高质量完成了战斗任务。看到一个个人体冰雕,永远"立"在了异国他乡的土地上,我热泪盈眶。这不朽的军魂,是对国家和民族最澄澈的爱,岂是这区区冰雪能封得住的?没有他们,就没有现在生活幸福的我们。遥想那个时代,人民志愿军武器简陋,装备紧缺,面对强敌,面对残酷的战争,却没有人退缩。每个战士都是"老嘎子",他们个个都为了国家而拼命。如果时光可以重来,我相信,他们还是会做出同样的选择。

不管是徐光耀笔下那个自愿成为"踏脚石"的嘎子,还是我们身边"蜡炬成灰泪始干"的老师们,或是那些在雪地里成为"冰雕"的英雄……他们心里装的都是祖国的未来。是他们用生命唤醒了一代又一代的中国人。

此刻,我明白了,我们这一代人也要体现我们的"嘎子"精神!

"城市美容师"每天起早贪黑,为每个市民送上干干净净的美好环境;"白衣天使"为了救出在生死线上徘徊的人,不惜一切代价与新冠病毒做斗争……我想,这就是"嘎子"精神!

走进福利院,给小伙伴们送上节日的祝福;走进大街小巷,化身环保小卫士;在家孝敬长辈,在校尊敬师长,团结身边的小伙伴……尽好小公民的义务,为实现中华民族伟大复兴的中国梦时刻准备着!我想,这便是我们能实践的"嘎子"精神!

从身边的小事做起，让"嘎子"精神永驻心底，为祖国的建设添砖加瓦。我还要向所有的"嘎子"致以崇高的敬意！在时代的长河里，"嘎子"精神必将生生不息！

## 点石成金

这篇读后感将"嘎子"精神定义为坚韧、勇敢和乐观的人生态度。小作者巧妙地将"嘎子"精神融入了现代社会的实际生活，让读者看到这种精神并没有被时代淘汰，而是在一代又一代人中传承并发扬光大。文中对城市美容师、医护人员等不同职业和角色的生动描绘，生动诠释了"嘎子"精神的具体含义和现实性。字里行间充满了对敢于担当、坚韧不拔的"嘎子们"的敬仰之情，呼吁我们每一个人都应该珍视并积极传承"嘎子"的精神。

# 人无完人　笑对人生
## ——读《听见颜色的女孩》有感

学校:嘉善县实验小学　作者:褚筱天　指导老师:钱春红

"没有一个人是完美的。我的不完美有些特别:我能像摄像机一样,把那些五颜六色的话记录下来。可我却不能把它们转述出来。"假期里我细细品读了《听见颜色的女孩》一书,诸多思绪涌上心头。

### 命运多舛、身残志坚的女孩儿

《听见颜色的女孩》的主人公美乐笛不能说话、行走、写字,但是却拥有超凡的记忆力,是全校最聪明的学生。在绝望之际,她无意间发现了一种发声方法,从而让生活大有改观。

但更大的挑战在等待着她。一年一度的"天才小子"知识竞赛开始,美乐笛和她的最佳搭档——"心声"电脑(帮助她发声的机器),经过无数次艰苦训练,最终成功成为"天才小子"训练队的正式成员。紧接着,经过无数次惊心动魄的选拔,美乐笛和朋友们取得了去华盛顿的比赛资格。可是在参赛当天,美乐笛却因暴风雪无法前往华盛顿。更让人难过的是,朋友们竟因为嫉妒而扔下了她。尽管美乐笛内心崩溃,但是她仍然微笑地面对生活……

## 默默无闻、顽强生长的香瓜子

合上书本,我不禁浮想联翩……尽管美乐笛生来就不是一个完美的孩子,但她乐观、积极、坚强,尽自己最大的努力活得精彩,活出自我。这不是和《生命生命》中那墙角的香瓜子如出一辙吗?那粒默默无闻的香瓜子——冲破坚硬的外壳,在没有阳光、泥土的砖缝中顽强生长了许多天,就如文章最后一段所说:"虽然生命短暂,但是,我们却可以让有限的生命体现出无限的价值。"的确如此,"金无足赤,人无完人",没有谁是完美的。不完美的人也总有自己的闪亮之处。阳光下,我翻着书本,情不自禁地回想起那件往事……

## 坚持不懈、用心书写的我

记得那是去年寒假的某一天,书法老师布置了新年的任务——写对联。我迫不及待地准备好纸张和字帖,可一节课下来,虽然我完成了两副对联,但"春"字总是写得不够完美。我放下手中的毛笔,皱起眉头,陷入沉思:我怎么就是写不好呢?这三横不是写得有粗有细,就是间距不均匀……正在我茫然之际,老师向我走了过来。他轻声询问我怎么不写了,得知原因后,他语重心长地说:"你写得已经很不错了!毛笔字不是生来就能写好的。这三横可不好写哦!慢慢来,仔细观察,先在米字格上用心练习。别灰心!"听了老师的话,我心里突然敞亮了许多。之后第二节课,我不再急于写成品对联,而是静下心来,先攻破"春"字这一关。我时而细细观察字帖,时而挥笔书写,时而停下反复比较,时而埋头认真练习……一个小时过去了,当我拿着一沓厚厚的练习纸给老师看时,老师微笑地点点头,那弯弯的眼睛仿佛在夸赞我:"你终于做到了!"

我们都是不完美的小孩,但是我们可以用双手改变自己。让我们努力面对生活,微笑面对挫折,像故事中的美乐笛一样,持之以恒,乐观向上。因为总有一天,不完美的我们能把梦想变为现实。

## 点石成金

　　这篇读后感情感丰富、结构清晰、语言流畅。小作者直接引用书中的文字,生动地描绘出主人公美乐笛的形象,并以此引出自己的理解和感悟。作者通过三个小故事,展现了主人公、香瓜子以及自己在面对挫折时积极努力、不断进步的过程,充分表达了自己对不完美的理解。文章将"金无足赤,人无完人"等俗语与个人经验有机地结合,使观点更加鲜明。此外,小作者通过自己的亲身经历,凸显出自己勇于挑战困难、坚持不懈的精神风貌,也表达了对成功的渴望。

# 一个孩子的心"发芽"了
## ——《长征》读后感

学校:嘉兴市余新镇中心小学　作者:王梓彧　指导老师:蔡惠英

翻开历史的长卷,今年我在暑假阅读中看到了过往的长征"路"——于无人之地,于鸿沟之上,长征魂散发着金色的光芒。

这是一本很有意义的读物——《长征》。

《长征》的作者王树增查阅了大量历史资料,并实地走访,采访了许多老红军战士,最终才写成这部反映红军长征的文学作品。这本书中记录了很多让人肃然起敬的伟大壮举。

读完《长征》,我由衷地感叹——

感叹战士们的艰辛、团结!在二万五千里的路程中,无论是军官还是士兵,都吃着同样的食物,穿着同样的衣服,住在同样的地方,有着同样的信仰。在这支部队里,有工人,有农民,有汉族,有少数民族,有识字的,也有不识字的。他们聚集一起,众志成城,只为了打倒恶势力。谁能想到呢?这样一支队伍,做出了无人能及的英雄壮举。

感叹战士们坚定向前的信念!这本书告诉了我们长征是什么,它是人类历史上罕见的壮举。血战湘江、四渡赤水、巧渡金沙江、强渡大渡河、飞夺泸定桥、激战腊子口等都是长征期间发生的事。这本书记录了无数革命先烈坚定向前的信念。

俗话说得好:人心齐泰山移。我们生活在这样美好的社会中,也应该坚定团结一心、共筑美好家园的志向。回首学校的艺术节,我们的那

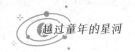

段经历，正是坚定信念、团结一心的"长征精神"的体现！

在艺术节中，我们承担了表演课本剧《悟空大战红孩儿》的任务。我们通过评选，确定了角色的扮演者，又在周末的演习中，加深了对课本剧的了解。大家对表演更加期待了。

然而，快要演出时，却出现了一个小状况，让本来信心十足的我，变得心慌意乱。我扮演的唐僧拿着一个禅杖道具，道具掉了一个螺丝，虽然找到了，却无法固定杖首。我的脸瞬间红了，生怕拖大家的后腿，眼泪也在眼眶里打转。我怕同学们怪我，心脏怦怦直跳；我怕看到老师失望的眼神，认为我一点儿小事也办不好。我慌了！怕了！不知所措！可这时，同学们纷纷来安慰我，还给我出主意，大家找来双面胶，临时粘一下，应该能撑到演出结束。大家的理解和包容，让我的心平静了下来。终于，演出圆满结束了。我们的表演得到了大家的一致好评。破损的禅杖也坚持到了最后。团结一心、群策群力真的能帮助我们解决意想不到的难题。

读完《长征》，我深刻地明白了文字的力量，感谢王树增爷爷的文字，让我体会到了个人命运与民族命运是如何融为一体的。正如演完《悟空大战红孩儿》课本剧后，我深刻地明白了人与人相处时也应该充满爱与包容，感谢这一次经历，让我更懂得了助人的真谛。

再次翻开《长征》，我的心久久不能平息，如同一株小苗发了芽——

"五岭逶迤腾细浪，乌蒙磅礴走泥丸。"我要将他们的精神延续下去，我们要永远铭记红军和他们史诗般的长征。

我很自豪生在中国，我很敬仰这样的中国红军。敬礼！

# 点石成金

　　小作者阅读过王树增的《长征》一书后,对红军的崇敬之情达到了顶峰。小作者巧妙地将长征精神与他在学校艺术节期间的经历相联系,进一步加深了读者对长征精神的理解,使文章内容更有深度,更具有启发性。在感情表达上,作者真挚地表达了对中国红军的敬仰,对红军长征的赞美和对中国的自豪,深情之处令人动容。

# 读万卷书和行万里路哪个更重要

## ——读《徐霞客游记》有感

学校：桐乡市春晖小学　作者：王蔓涛　指导老师：强赛平

　　"读万卷书，行万里路"原是董其昌的名言。读万卷书和行万里路哪个更重要呢？这一热点话题引人深思。我在读了《徐霞客游记》后，有了自己的见解。《徐霞客游记》是明代著名旅行家徐霞客所写。在很多人眼里，旅行家整天都在游山玩水，实则不然，他们要去各地考察，大多都是勇于探索未知、勇于冒险的人。

　　在《勇探麻叶洞》这一章节中，我深深地被徐霞客折服了。麻叶洞地形极其复杂，洞中狭窄之地较多，可徐霞客却没有被吓到，他毅然决定探索麻叶洞，在洞里发现了研究价值极高的钟乳石。要知道，徐霞客使中国在岩溶地貌学和洞穴学领域领先了西方约一百五十年至二百年。

　　《三探雁荡山》这一章节也令我叹为观止。雁荡山山高路远，十分荒凉，走几步都累得让人喘不上气来。在将要下山之际，陡峭的山崖让徐霞客犯了难，若原路返回，路途太遥远，可下山的路又如此陡峭。徐霞客急中生智，解开裹脚用的布条，连成一根长长的绳子，冲下去探路，可下面是万丈深渊，徐霞客只好原路返回，途中布条又被磨断，如此反复几次，接上布条之后才有惊无险地出了雁荡山。这一次，徐霞客凭借过人的胆识和不畏艰难险阻的精神通过了考验。

　　平日里我喜欢窝在家里，可爸爸却喜欢拉我去爬山。每次出门我都拖拖拉拉的，站在山脚下，抬头望去，高耸入云的山峰让人望而生畏。我们一手扶着路旁的栏杆，一手撑着登山杖，气喘吁吁地，一点一点，竟爬到了半山腰，回首再看脚下的风景，颇有成就感。山脊渐渐变得陡峭起来，一阵热风吹来，叫人饥渴难耐，我晃着手中的空瓶子犯起了嘀咕："哎，一口水都不剩，这还怎么上山啊？"不光水喝光了，我的脚也像灌了铅似的。

黄昏时分，我们终于登顶了。站在山顶，俯瞰风景，真让人无比痛快。我情不自禁地向对面的山大喊了一声。倏忽间，一切又归于平静，静得仿佛能听见对面山上的竹叶在微风里轻吟，这美景真是无法言喻。

通过爬山的经历，我领悟到，不仅要读万卷书，也要行万里路，就像徐霞客那样去领略中国的大好河山，没有身临其境的震撼，怎能触动笔尖，写下动人的文章？

## 点石成金

这篇《徐霞客游记》读后感运用生动、贴切的文字表达了小作者对徐霞客的敬意。文章以徐霞客的冒险故事为切入点，引发了对"读万卷书，行万里路"的深刻思考。小作者将个人的爬山经历与徐霞客的探险精神相对照，体现了对文化底蕴和实践经验的重视。此外，文章情感真挚、细腻，以山巅风景的美好为引，带动读者思考知识与实践之间的关系。文章给读者带来诸多启发，并鼓励读者走出舒适区，勇敢探索未知世界。

"阅读伴我成长"
读书小报优秀作品选登

**作品名称：《海豚之歌》**
**学校：浙江师范大学附属秀洲实验学校**
**作者：吴泽宇**
**指导老师：寿勤英**

编者注：为保持少儿美术作品的原汁原味，
未对所选作品内文做具体修改。

**作品名称：《足球大侠》**

学校：嘉兴市秀洲实验小学

作者：卢恩瑶

指导老师：章菲

作品名称：《山海经》

学校：杭州师范大学附属嘉兴经开实验小学

作者：胡可欣

指导老师：龚春香

**作品名称：《亚运江南忆》**

学校：杭州师范大学附属嘉兴经开实验小学

作者：董艺涵

指导老师：孙晓凡

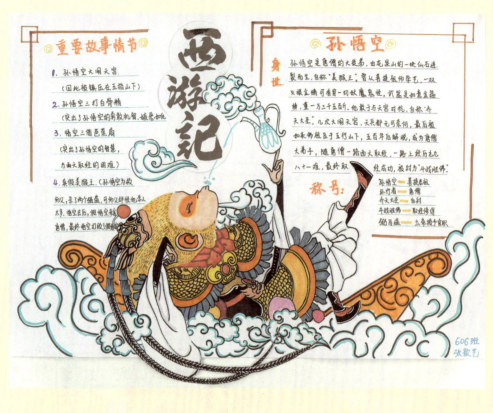

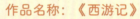

作品名称：《西游记》

学校：嘉兴市辅成教育集团

作者：张歆艺

指导老师：沈雨菲

作品名称：《麻烦小东西》

学校：嘉兴市茶园小学

作者：戴欣仪

指导老师：张诗瑶

**作品名称：《坐看云起》**

学校：北京师范大学南湖附属学校

作者：张黄羿

指导老师：姚秋洪

作品名称：《昆虫记》

学校：上海师范大学附属嘉善实验学校

作者：黄歆艾

指导老师：金晓燕

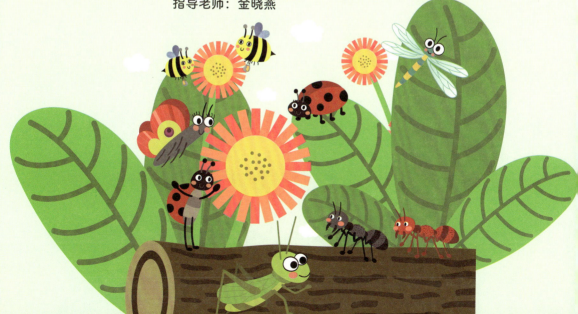

**作品名称：《天上的船》**

学校：嘉兴市实验小学

作者：王紫菲

指导老师：王怡婷

作品名称：《海豚之歌》

学校：嘉善县第二实验小学

作者：胡若翎

指导老师：沃珊珊

作品名称：《故宫二十四节气》

学校：北京师范大学南湖附属学校

作者：高远宜

指导老师：王昕

作品名称：《孩子们喜爱的宋韵故事》

学校：嘉善新世纪学校

作者：周玉珺

指导老师：蒋盈颖

## 内容简介

《世说新语》是南北朝时期的一部记述魏晋人物言谈轶事的笔记小说,主要记述了从东汉后期到晋宋朝间一些名流人士的言谈、行事较多地反映当时士族的思想、生活和放诞的风气以及他们之间的逸事。而且书中所记录的都是历史上的真实人物,但书中他们的言论或故事有一部分出自民间的传闻,更让我们看到了魏晋所谓"名士"的风貌。《世说新语》是一部反映魏晋人风貌,体现时代特征的笔记小说,内容涉及政治、经济

## 《梁上君子》读后感

我读《世说新语》中的梁上君子这一篇故事,这是一个以德服人的故事。虽然我已经把这个故事读了数遍,但我还是忍不住多浏览几遍。

故事主要讲:有一个小偷进了陈寔家,躲在房梁上。陈寔暗中看见了,便唤来整齐衣冠,把儿子、孙子等人叫起来。严肃地教训他们:"一个人不应该不努力学习。不善良的本性不一定是坏的,长期习惯不学习就养成个坏的性格,提到这样的地步,躲在房梁上的人就是这样!"小偷大吃一惊,连忙跳下来跪在地上认错,陈寔慢慢开导他:"看你这个样子不像是坏人,应当克制自己的邪念,返还善良的本性。"命

令赠送二匹绢给小偷,陈寔这屏活电影响的改变了小偷的一生。

读完后,我不禁为陈寔正直厚道、善良的品格所敬佩,我们应当从小养成好的品行习惯,其实每人的本性都不坏,只是没有养成良好的习惯罢了!

作品名称:《世说新语》

学校:嘉善县杜鹃小学

作者:杨书俊

指导老师:徐雷

作品名称：《宋朝孩子玩的游戏》

学校：嘉善县实验小学

作者：缪思宇

指导老师：张维

**作品名称：《中国古代神话》**

学校：平湖市东湖小学

作者：金妍欣

指导老师：许渊

作品名称：《长袜子皮皮》

学校：平湖市崇文小学

作者：朱家赫

指导老师：张可沁

# Harry Potter

J.K·罗琳

J.K·罗琳,出生于英国格温特郡。1997年6月,推出《哈利·波特与魔法石》,1998年与1999年创作了《哈利·波特与密室》和《哈利·波特与阿兹卡班的囚徒》。2003年6月,她再度推出《哈利·波特与凤凰社》。2003年6月,罗琳登上了《福布斯》富人排行榜。2005年7月,她创作出第六部《哈利·波特与混血王子》,又于2007年7月推出终结篇《哈利·波特与死亡圣器》。

《哈利·波特》
经典台词

1.对头脑清醒的人来说,死亡不过是一场伟大的冒险。
2.人们很容易原谅别人的错误,但很难原谅别人的正直角。——邓布利多
3.每个人心中都有阳光和阴暗的一面,重要是我们选择成为什么,那才是真正的我们。——小天狼星
4.努力很重要,然而更重要的是,相信。
5.真相是一积可怕又美丽的东西,需要格外谨慎对待。——阿不思·邓布利多
6.你最恐怖的其实是恐怖本身。——卢平
7.你应该学会别人的尊重。——哈利

8.你个令人失望多愁善感的小子,只会苦涩的抱怨说生活如何的不公平。你可能没注意到,生活本来就是不公平的。——斯内普

作品名称：《哈利·波特》
学校：平湖市乍浦小学
作者：姚熠欣、魏奕晨
指导老师：姜美群

**作品名称：《海豚之歌》**

学校：海盐县横港小学

作者：杨诗语

指导老师：冯婷

作品名称：《牧羊少年奇幻之旅》

学校：海盐县向阳小学教育集团

作者：姚文骁

指导老师：周荷英

作品名称：《宋韵故事》

学校：海盐县向阳小学教育集团

作者：李允琪

指导老师：顾燕

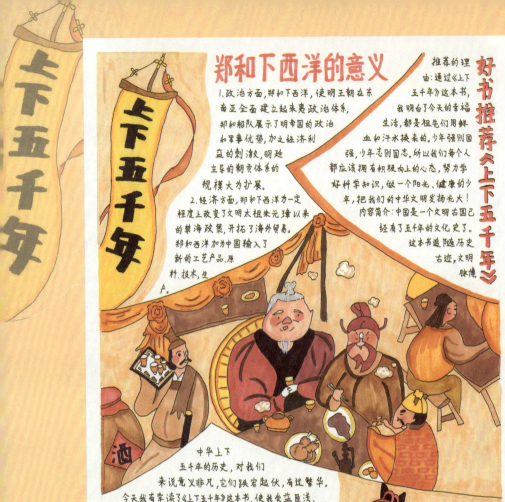

# 郑和下西洋的意义

1. 政治方面，郑和下西洋，使明王朝在东南亚全面建立起来夷政治体系，郑和船队展示了明帝国的政治和军事优势，加之经济利益的刺激，明廷主导的朝贡体系的规模大为扩展。

2. 经济方面，郑和下西洋一定程度上改变了文明太祖朱元璋以来的禁海政策，开拓了海外贸易。郑和西洋加为中国输入了新的工艺产品，原料，技术，生产。

好书推荐《上下五千年》

推荐的理由：通过《上下五千年》这本书，我明白了今天的幸福生活，都是祖先们用鲜血和汗水换来的。少年强则国强，少年志则国志。所以我们每个人都应该拥有积极向上的心态，努力学好科学知识，做一个阳光、健康的少年，把我们的中华文明发扬光大！

内容简介：中国是一个文明古国已经有了五千年的文化史了。这本书追随着历史古迹，文明脉博。

**读后感**

中华上下五千年的历史，对我们来说意义非凡，它们跌宕起伏，有过繁华。今天我有幸读了《上下五千年》这本书，使我受益匪浅、感慨万千。《上下五千年》给我们讲述了一个个动人心弦的故事，比如退避三舍、昭君出塞、玄武门事变、和坤贪得无厌等等。其中，我印象最深刻的就是《司马迁忍辱写史记》了。文史家司马迁从小立志写一部史书。正当他在写书的时候，一场飞来横祸降临到他的头上。原来，它得罪了皇帝，入狱受了酷刑。出狱后，司马迁忍辱负重，终于完成了编写《史记》的工作。

作品名称：《上下五千年》

学校：海宁市狮岭小学

作者：王梓安

指导老师：许虹

作品名称：《城南旧事》

学校：海宁市桃园小学

作者：任辰皓

指导老师：康璐渊

作品名称：《三国演义》

学校：海宁市狮岭小学

作者：卢庭慧

指导老师：许虹

作品名称：《宋朝日报》

学校：海宁市王国维小学教育集团

作者：张宇烈

指导老师：蔡雨佳

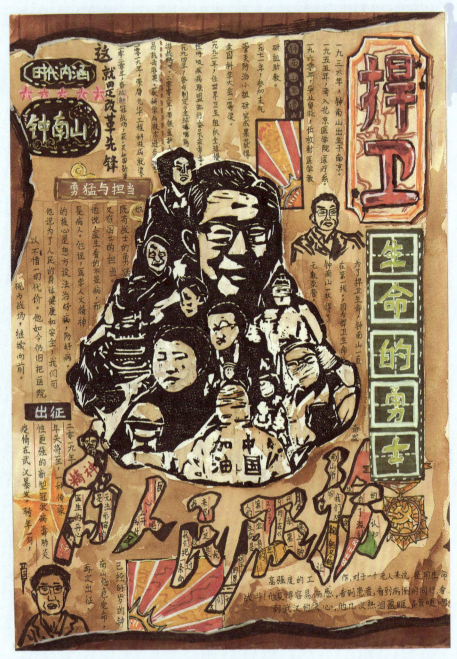

作品名称：《捍卫生命的勇士》

学校：海宁市王国维小学教育集团

作者：祁妙

指导老师：张璐

**作品名称：**《超级科学家·人工智能》

**学校：** 海宁市许村镇许巷中心小学

**作者：** 杭鑫辰

**指导老师：** 董筱婷

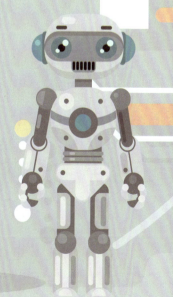

**作品名称：**《色彩的秘密·水与墨》

学校：桐乡市濮院小学教育集团翔云小学

作者：王亦诗

指导老师：俞佳洁

作品名称：《共读神话 感受神奇》

学校：桐乡市濮院小学教育集团毛衫城小学

作者：刘钰彤

指导老师：沈沈婷

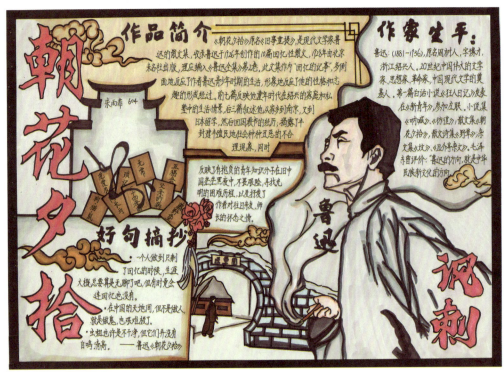

**作品简介**

《朝花夕拾》原名《旧事重提》，是现代文学家鲁迅的散文集，收录鲁迅于1926年创作的10篇回忆性散文，1928年由北京未名社出版，现编入《鲁迅全集》第2卷。此文集作为"回忆的记事"，多侧面地反应了作者鲁迅青少年时期的生活，形象地反应了他的性格和志趣的形成经过，前七篇反映他童年时代在绍兴的家庭和私塾中的生活情景，后三篇叙述他从家乡到南京，又到日本留学，然后回国教书的经历，揭露了半封建半殖民地社会种种丑恶的不合理现象，同时

反映了角抱负的青年知识分子在旧中国苦闷黑夜中，不畏艰险，寻找光明的困难历程，以及抒发了作者对往日亲友、师长的怀念之情。

**作家生平：**

鲁迅：(1881~1936)，原名周树人，字豫才，浙江绍兴人，20世纪中国伟大的文学家、思想家、革命家，中国现代文学的奠基人。第一篇白话小说《狂人日记》发表在《新青年》，参加左联，小说集《呐喊》《彷徨》，散文集《朝花夕拾》，散文诗集《野草》，杂文集《坟》《且介亭杂文》。毛泽东曾评价："鲁迅的方向，就是中华民族新文化的方向。"

**好句摘抄**

· 一个人做到只剩了回忆的时候，生涯大概总要算是无聊了吧，但有时竟会连回忆也没有。

· 在中国的天地间，但不是做人，就是做鬼，也很难做了。

· 虫蛆也许是不干净，但它们并没有自鸣清高。 ——鲁迅《朝花夕拾》

作品名称：《朝花夕拾》

学校：桐乡市北港小学

作者：朱雨菲

指导老师：吕伟琴

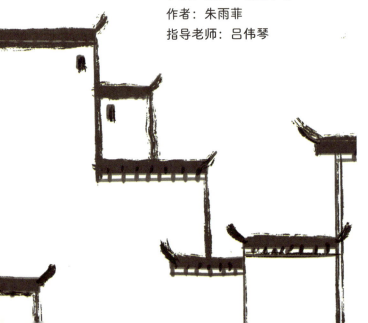

**作品名称：《爱的教育》**

学校：桐乡市北港小学

作者：沈欣桐

指导老师：朱建琴